エピソードから読み解く
特別支援教育の実践

子ども理解と授業づくりのエッセンス

編集
障害児の教授学研究会

編著
新井英靖
小川英彦
櫻井貴大
高橋浩平
廣瀬信雄
湯浅恭正
吉田茂孝

福村出版

[JCOPY]〈出版者著作権管理機構 委託出版物〉
本書の無断複写は著作権法上での例外を除き禁じられています。複写される場合は、そのつど事前に、出版者著作権管理機構(電話 03-3513-6969、FAX 03-3513-6979、e-mail: info@jcopy.or.jp)の許諾を得てください。

はじめに

　2007年4月から「特別支援教育」が新たにスタートしました。これにより、それまで「特殊教育」と呼ばれていた障害児のための教育が大きく転換しました。従来の対象児にはなかった発達障害が加えられ、ライフステージで支援することが理念として掲げられました。

　2012年の文部科学省の調査では、通常学級の6.5％の子どもが発達障害に相当すると指摘されています。また、幼児期から学齢期だけでなく、青年期以降も一生涯にわたって支援していく必要性が述べられています。

　昨今の保育所や幼稚園では「気になる子ども」と称され、その支援の内容や方法がクローズアップされつつあります。このことは学校教育では「特別な教育的ニーズをもつ子ども」と言及され注目されるようになってきています。園や学校では子ども理解を深め、保育や教育の内容・方法について構築しなければならないという課題があります。それゆえに、研修の充実ということが話題となっています。本書はこのような課題に対応するためのものです。

　今、園や学校には、障害児をはじめ、アレルギー、不登園（校）、外国籍、貧困、虐待など多様な問題を抱える子どもが在籍しています。そして、こうした子どもたちを包み込んで通常の保育や教育自体を変革するものとして、インクルージョンが提唱され、注目されるようになっています。簡潔に言うと、万人のための園や学校にしなくてはならないという発想であります。

　こうした状況の下で、保育者や教師にはさまざまな特別なニーズに関する知識と方法、細やかな指導計画などが求められる時代になってきているのです。かつてのように園や学校の一部の教師に任せておくということではなく、全員がこうした子どもたちへの取り組みに携わるという時代の要請があります。

　ところで、私たち編者は、これまで日本特殊教育学会の自主シンポジウムを20年以上にわたり継続して行ってきました。さらに、教育学の立場から、授業づくりをキーワードにいくつかの刊行を試みてきました。

はじめに

　その基本姿勢には，実践と理論をつなぐというものがあります。本書では，「エピソード」として教師の指導技術や子どもの変容する姿を示しながら，子どもと関係を築き，あそびや授業を切り拓き，いっそう発展させられることをねらって，教師の力量をアップするための実践書をつくってみました。実践者からのエピソードを受けて，研究者が解説をするという点にも特徴があります。

　私たちは，集団の教育力にも着目して，これまでに多くの優れた教育実践を紹介してきました。本書がこのような形に結実できたことは，まさしく執筆者全員の集団の力があったからです。

　本書には，幼児期から高校生までのエピソードが取り上げられています。乳幼児期はまさしくライフステージの出発点である以上，「発達の礎を築く」と言っても過言ではありません。そして，この時期の育ちは次の学齢期や青年期の教育に円滑に移行されていく必要があります。この移行に力を注ぎ支援していこうとするのも昨今の特徴であり，個別の教育支援計画に見られるように幼小中の連携があります。幼児期，学齢期，青年期をトータルに扱った実践書は，わが国においてはまだまだ数少ないのが現状です。だからこそ，本書では，こうした課題にも対応しようと内容を構成しました。教育と福祉をつなぐ視点を提案することにもなっているのかもしれません。

　教師にとって授業づくりは実践の中心であって，授業づくりの専門性の向上と研究の積み重ねが求められています。「エピソードから学ぶ」という姿勢を大切にして，これからの時代に必要な新しい授業をつくりたいものです。

　最後になりましたが，本書を刊行するまでの間，福村出版の社長・宮下基幸氏および小山光氏には，大変なお世話になりました。厚くお礼申し上げます。本書を通して，障害児保育学，障害児教育学の今後のさらなる発展に寄与することを願っています。

編者を代表して
小川英彦

目　次

はじめに ……………………………………………………… 小川英彦（愛知教育大学）　3

Ⅰ章　エピソードから特別支援教育の実践を拓く
…………………………………………………………… 湯浅恭正（中部大学）　11

Ⅱ章　内面や意識の変化を描くエピソード記述の方法
…………………………………………………………… 新井英靖（茨城大学）　19

Ⅲ章　子どもを深く理解しよう

エピソード1
他害を繰り返すAさんとの関係づくり
………………………………… 三浦佳苗（茨城県立北茨城特別支援学校）　26
解説：「構造化」ではなく「アタッチメント」 ……… 新井英靖（茨城大学）　31

エピソード2
卒業生たちとの再学習
―子どもの可能性はアセスメントを超える―
………………………………… 高橋浩平（杉並区立杉並第四小学校）　33
解説：卒業後に開花する新しい価値 ………………… 廣瀬信雄（山梨大学）　38

エピソード3
教科学習を通して子どもと「つながる」
………………………… 桑田明奈（茨城大学教育学部附属特別支援学校）　40

解説：急がば回れ ―遠回りの授業― ……………………… 廣瀬信雄（山梨大学） 45

Ⅳ章　子どもの遊びを広げる・深める

エピソード4
障害名にとらわれず，子どもの姿から
―対人関係に難しさを抱えるFさんとの関係づくり―
……………………………………………… 櫻井貴大（岡崎女子短期大学） 48
解説：人間関係の楽しさ・心地よさを大切に …………… 小川英彦（愛知教育大学） 53

エピソード5
好きなことに目を向け，友だちとの関わりを広げる
―肢体不自由児のIさんを受け入れて―
……………………………………………………… 水野恭子（公立保育園） 55
解説：連携を保育の柱に位置づけて ……………………… 小川英彦（愛知教育大学） 60

エピソード6
子どもたちが十分に楽しめる空間・時間・仲間
………………………………… 北野明子（三好丘聖マーガレット幼稚園） 62
解説：発達の土壌づくり …………………………………… 小川英彦（愛知教育大学） 66

Ⅴ章　みんなで，楽しく，学ぶための集団づくり

エピソード7
友だちがいるから授業に参加する
―友だちに認めてもらいたい子どもたち―
……………………………………………… 岡本綾子（世田谷区立松沢小学校） 70
解説：自己の「存在」を確かめることの大切さ ………… 新井英靖（茨城大学） 75

エピソード8
友だちとの「いざこざ」が感情を育てる
　　　　　　　　　　　　　　荒井久恵（文京区立柳町小学校）　78
解説：「いざこざ」こそが集団の「安定」をもたらす　　　　新井英靖（茨城大学）　84

エピソード9
協力・協働しながらスキルを高める
　　　　　　　　　　　　渡辺佳恵（小平市立小平第十二小学校）　87
解説：偏食と「他人を受け入れること」の接点　　　　　　　新井英靖（茨城大学）　91

Ⅵ章　楽しい授業を展開する①
　　　子どもの「感じる」「考える」を大切にする

エピソード10
自信を取り戻す通級児童の育ち
―通級児の自尊感情を育み，学びの意欲を引き出す―
　　　　　　　　　　　　　　日下ゆかり（高松市立中央小学校）　96
解説：学習は，安心の世界をつくり，自分を名づける「場」
　　　　　　　　　　　　　　　　　　　　　　　　湯浅恭正（中部大学）　101

エピソード11
虚構の世界で読書を楽しむ　　　　塚田倫子（世田谷区立祖師谷小学校）　104
解説：「遊び」の世界の共有が教科指導の土台　　　　湯浅恭正（中部大学）　109

エピソード12
不思議を知的好奇心につなげる授業づくり
　　　　　　　　　　　遠藤貴則（茨城大学教育学部附属特別支援学校）　112
解説：学びの「体験」を「経験」にするのが教科指導
　　　　　　　　　　　　　　　　　　　　　　　　湯浅恭正（中部大学）　117

目　次

Ⅶ章　楽しい授業を展開する②
　　　教師の指導技術と授業展開

エピソード13
やってみたいことに挑戦する
　　　　　　　　　　　　………… 岩澤史子（連雀学園三鷹市立第六小学校）　122

解説：「あたりまえ」の基準で評価される活動・役割では興味・関心は育たない
　　　　　　　　　　　　………………………………… 湯浅恭正（中部大学）　127

エピソード14
仲間とともに「ことば」の世界を楽しむ授業づくり
　―友だちと学び合う体験を―
　　　　　　　　　　　　………… 松永美和（香川県立香川中部養護学校）　130

解説：教科・領域を横断して育つ「ことば」の世界
　　　　　　　　　　　　………………………………… 湯浅恭正（中部大学）　135

エピソード15
試行錯誤は学びのプロセス　………… 古林基子（杉並区立杉並第三小学校）　138
解説：「わかる手応え」を味わうのが教科指導 ……… 湯浅恭正（中部大学）　144

Ⅷ章　キャリアにつながる学びを生み出す授業づくり

エピソード16
感じる力を育む美術の授業づくり
　　　　　　　　　　　　………… 半田彩子（茨城県立勝田特別支援学校）　148
解説：表現はスキルではなく，感性の交流 ………… 新井英靖（茨城大学）　153

エピソード17
葛藤を通してアクティブに学ぶ
　　　　　　　　………… 岡部綾子・城田和晃（東京都立矢口特別支援学校）　156

解説：「主体的な学び」を生み出す授業づくりの方法
　　　　　　　　　　　　　　　　　　　　　　新井英靖（茨城大学）　161

エピソード18
企画し，実践する中でコンピテンスを育てる実践
—変化する状況への対応が苦手なC'さんの変容を中心に—
　　　　　　　髙橋基裕（秋田大学教育文化学部附属特別支援学校）　164

解説：コンピテンスは育てるのか，育つのか？　　　新井英靖（茨城大学）　170

Ⅸ章　エピソードを書いたり話し合ったりして指導力をアップする

エピソード19
給食指導を通しての児童の3年間の成長
　　　　　　　　　　　　　　　　　佐藤正明（香川県立高松養護学校）　174

解説：ケース検討を通して指導のあり方を問う
　　　　　　　　　　　　　　　　　　　　　吉田茂孝（大阪教育大学）　179

エピソード20
学びが積み重なっていく授業づくり
　　　　　　　　　　　　　　松本久美子（香川県立香川中部養護学校）　181

解説：指導力向上のための指導案づくり　　　　　吉田茂孝（大阪教育大学）　186

エピソード21
事例研究会による授業改善の仕組みづくり
　　　　　　　　　　　　廣内絵美（京都教育大学附属特別支援学校）　188

解説：「授業の事実」から教師が学び合う授業研究へ
　　　　　　　　　　　　　　　　　　　　　吉田茂孝（大阪教育大学）　194

目 次

X章　エピソードを通して教師の専門性を高める
………………………………………………… 吉田茂孝（大阪教育大学）　197

おわりに ………………… 高橋浩平（杉並区立杉並第四小学校）・新井英靖（茨城大学）　204

＊本書に掲載されているエピソードについては，プライバシー保護のため，事例の重要部分を脚色し，架空のケースとしている箇所があります。

Ⅰ章

エピソードから特別支援教育の実践を拓く

Ⅰ章 エピソードから特別支援教育の実践を拓く

① 教育実践を拓くためのエピソード

　2007年の特別支援教育制度開始から今年（2017年）で10年が過ぎました。特別支援学校・学級，そして通常の学校・学級を問わず，特別支援教育の仕事の中心は，特別なニーズのある子どもの理解・生活指導や授業指導，そして教育実践を進めるための学校づくりと私たち教師の成長にあります。

　こうした仕事は，日々繰り返され，週・月・年にもわたってたゆまず継続しながら，常にその質を問い返し，子どもたちに働きかける方向を展望する創造的な営みです。特別支援教育の仕事では，障害や発達をふまえることは当然ですが，子どもたちを取り巻く生活を視野に入れてトータルに教育実践を反省（省察）することが求められています。

　教育実践を省察するポイントは，①子どもたちを理解し，実践を展開するための基盤になる知識や見解を問い直してみること，②子ども観や障害観を問い直してみること，そして③日々の実践で子どもたちに働きかける方法（技）を問い直してみることです。これらのポイントをもとにして日本の教師たちは「教育実践記録」を綴り，それを素材にして互いの実践を持ち寄って交流し，実践の質を省察してきました。この省察の過程は，子どもたちの可能性や，働きかけている私たち自身の立ち位置を「読み拓く」という意義をもっています。

　特別支援教育制度の時代になってから，いわゆる発達障害のある子どもへの対応が盛んに取り上げられてきました。その対応の方向はそう簡単に見つかるはずはありません。にもかかわらず，今日の特別支援教育の取り組みは，障害のある子どもを診断し，より望ましい行動に改善するための対応策をいち早く導き出そうという傾向にあるのではないでしょうか。

　もちろん，教育実践の探究は，教育の心構え・理念の次元だけではなく，教育実践の場で具体的に働きかける教育方法の次元にこそ注目しなくてはなりません。「ハウツー」に頼ることを批判する議論もありますが，日々私たちは「どのように子どもに対応したか」という具体的な教育方法（技）の行使から逃れることはできません。戦後のわが国の授業研究をリードしてきた吉本均

氏は，「指導案の教授学」を提唱し，「指導案を構想することの中でしか，現実に子どもを知ることも，子どもの内面を真に見ることもできない，それ以外には，し方がないのである」と述べて，指導案を通して子どもに働きかける「し方＝方法」の探究の意義を強調したのです（『吉本均著作選集５　学級の教育力を生かす』明治図書，2006年，129頁）。

　問題はハウツーの技をまさにハウツーとして行使するところにあります。ハウツーの技がどのような文脈に位置するのかを丁寧に吟味せずに理解し，使ってしまう傾向が今，特別支援教育の実践にはよく見られるのではないでしょうか。

　本書は，日本の教師たちが長く引き継いできた「教育実践記録」の意義や理念をふまえて，日常の実践の事実をエピソードとして描き，その解説を通して，子どもたちの可能性や，取り組んできた教師の立ち位置を「読み拓くこと」の意義と面白さを示そうとしたものです。描いていただいた先生方にとっては，描く過程が自身の立ち位置を拓く過程であり，また解説する方にとっても，解説の過程が自身の研究の立ち位置を鮮明にし，研究の課題をさらに拓いていくことでもあるのです。

２　何のための「エピソード」なのか

　「エピソードから読み解く特別支援教育の実践」というタイトルの本書ですが，いったい何のために私たちはこのタイトルを掲げているのでしょうか。障害のある子どもの行動を改善するための対応事例の検討とはどう違うのでしょうか。

(1)「エピソード記述」の提起

　特別支援教育の分野かどうかは問わず，今「エピソード記述」の意義を積極的に指摘する立場として鯨岡峻氏の提起があります。行動科学に立つ実践論や近年の認知科学に依拠した実践論の動向に対峙して，「間主観性」「接面」といった概念を駆使して，保育や福祉実践が探究されています。働きかける対象との関係論を軸にして，「思い」「生き生き感」「生の断面」「当事者の今のあり

よう」「幸せのオーラ」など，主体と主体との関係のありように焦点づけたエピソードの記述とその考察が探究の視点です（鯨岡峻『エピソード記述入門――実践と質的研究のために』東京大学出版会，2006年，3刷・序章）。具体的な子どもたちの「背景」が描かれ，次いで実践場面の「エピソード」の記述，そしてその「考察」がセットになった探究の過程が示されています。

こうした立場は，今日流行している客観主義的な実践研究がそぎ落としてきた実践の大切な価値に注目し，私たち教師が実践の主体になりゆくための研究の方向を指し示しています。

(2) 教育実践に「風穴」を空ける

「エピソード記述」という立場や方法でなくても，行動主義的な立場や量的に実践を評価する研究の問題点を批判的にとらえて，具体的な事実に基づいて実践の方向を考えようとする際には，どちらかと言えば，「問題のない」と思われる子どもよりも，実践する者にとって「気になる」「みんなの輪の中に入れない子ども」の事実が多く取り上げられる傾向にあります。そこでは，たとえば，「集団に参加できない子ども」が気になって仕方がなく過ごしてきた先生が，「常に参加することを求めなくても，多様な参加の仕方があるよ」と他の先生から助言されたことで気持ちが楽になったなどというエピソードが，実感を込めて語られることも少なくありません。

こうしたエピソードには，その子との緊張が続き，張り詰めた教室の空気の中で煮詰まっていた生活に「風穴」が空いた様子が示されています。それは子どもへの関係の仕方が変わり，そして教師が姿勢を変えることによって子どももまた関係を変えていく過程を意味しています。本書に掲載された多くのエピソードとその解説を通してこれからの特別支援教育の方向を考えようとするのは，教育実践のいろいろな場面で行き詰まり，煮詰まっている状況に新しい風を吹き込むことができるポイント（風穴）になっているものは何かに注目するからです。

(3) 教育実践に挑むためのエンパワメントとコミュニティづくり

鯨岡氏の提起では，まずエピソードを描くうえで描く側の意識体験が必要

で，分厚い生活世界的な経験層が土台になくてはならないと指摘されています（鯨岡峻『なぜエピソード記述なのか──「接面」の心理学のために』東京大学出版会，2013年，95頁）。読み手にとって「心をゆさぶられるものがある」（同，54頁）ことなど，単なる実践の事実を越えてエピソード化されたものが必要だというわけです。しかし，誰もがそう簡単にこのような記述ができるわけではありません。エピソード化することができるための場づくりの論理が不可欠です。日々の実践を展開している学校の同僚の中で，また特別支援教育を中心に子どもの発達を考える地域のサークルの中で，互いに事実を持ち寄って交流し，エピソード化することが必要です。そのために，こうした場（コミュニティ）を誰がどうつくるのか，そこに意識を向けたいと思います。

　「場づくり」に関しては，エピソード化された記述を読む者にとって鯨岡氏は「ほどよくわかりあえる」過程の意義を指摘しています（同，54頁）。そこには描いた人との信頼と安心の世界がなくてはなりません。しかし，実践の成果を性急に求められ，しかもその成果の正否が個人の自己責任にされる風潮が強い今日の学校において，エピソードの書き手と読み手が「ほどよくわかりあえる」場をどうつくるのか，ここでもエピソードをめぐる議論の場づくりの意義が忘れられてはなりません。

　特別支援教育に熱意をもって関与しようとしながら，実践のうえの多様な壁に突き当たり，自信を失いかけることも少なくないと思います。なかなか「あたりまえ」の行動がとりにくい子ども，しかも多様な障害のある子どもたちを前にして，対応事例に示されているハウツーの技をハウツーとして行使する取り組みが続くことも希ではありません。

　このようなことから，いったい何のためのエピソードなのかをあらためて問いかけることが必要です。それは，書き手にとっても読み手にとっても特別支援教育への展望を拓こうとエンパワーされることを願っての取り組みであり，そのための場（コミュニティ）をつくる営みだと考えます。特別支援学校や学級で一筋縄では対応できない困難な実践場面が続く日々，それは私たちにとって次第に無力（パワーレス）化に追い込まれていく生活でもあります。こうした状況を拓いていくエンパワメントの仕事がエピソードによる実践研究の意義です。鯨岡氏の提起に学ばなければなりませんが，そこには教師と子どもとの

関係につきまとう権力関係・ポリティクスや教育実践に関するシステムをめぐるエピソードにはあまり視点が据えられてはいないのではないでしょうか。先に特別支援教育をめぐってそれに関わる者のエンパワメントとコミュニティ論の意義を強調したのもそのためです。

1節でわが国の教育実践記録とその分析の意義に触れましたが、すでに私たちは日々の実践の事実をストーリー化する過程を通して実践を省察し、その省察を通して、今求められている子ども理解や授業・生活指導実践の行方を展望してきました。「風穴」を空けて、展望を拓くプロセスをつくるためにこそエピソードは活用されていくのだと考えます。それはいわゆる研究者にとっても同様で、描かれているエピソードの世界に参加して、自己の研究の姿勢を問い返す場をともどもにつくることが求められています。

③ 実践の当事者性を発揮するためのエピソード

(1) 文化・生活をともにつくり出す特別支援教育

　言うまでもなく特別支援教育は学校教育の一環であり、そこには未来に生きる、民主的な社会の形成者としての子どもを育てるという指導の論理が貫かれなくてはなりません。障害のある子どもに対して自立活動をはじめとして教科指導や生活指導を軸にして展開されている指導の質が問われています。この問い直しのためにこそ、エピソードとその分析は必要となるのです。

　ところで、教育のあり方をめぐって、教育学の原論を探究してきた中内敏夫氏は「制作説と過程説」があることを指摘していました。前者は教育実践の到達点から出発するもの、後者は子どもの成長の過程に沿って教育するというものです。特に後者については、「介入の結果に多々現れてくる発達の逸脱は介入プログラムの失敗ではなく子どもや親の努力の程度や資質だとされがちになる」と指摘して、過程説、つまり子どもの主体性の側面だけを重視すると、成長がその子のせいにされるといった問題を含むことを厳しく批判しています（『中内敏夫著作集Ⅰ 「教室」をひらく──新・教育原論』藤原書店、1998年、31-32頁）。

　エピソードをもとにして実践を省察するのは、文化の世界の面白さや生活の

あり方を子どもとともに吟味し，つくり出す特別支援教育を展望しようとするからです。そこには戦後の生活指導実践を先駆的に創造してきた大西忠治氏が指摘したように，「加害としての教育」が否応なくつきまとうと考えます（『大西忠治教育技術著作集4　方法・技術としての「指導と管理」』明治図書，1991年，318頁以下）。もちろん，体罰等の加害が許されていいはずはありません。しかし，文化の世界の意味や生活のあり方をともどもにつくる教育的指導は，子どもに対して，そして教師自らに対しても内面に突き刺さる棘のような働きをし，それだからこそ一方的にではなく，ともどもに学びの場をつくることが必要なのではないでしょうか。こうした学びの場が形成される過程をつくること，それは棘のような刺激を子どもたちに文化の世界の探究へと誘う知的動機づけに転換する指導を意味しています。

　特別支援教育だけではありませんが，実践のエピソードの内容はどうしても「指導する側と子どもとの関係性」に力点が置かれます。そこに切り込むことは特別支援教育の分野では大切な課題です。しかし，教育実践がこの項で述べたように文化と生活に視点を置くのだとすれば，単に関係性の視点にとどまるのではなく，教育目標や内容の質にまで立ち入らざるをえません。多岐にわたる教育内容を視野に入れて取り組まれている教育実践の事実の中から何を，どのようにエピソードとして言語化していくのかが問われています。

（2）実践の当事者性が発揮され，当事者に拓かれていくエピソード研究

　先に鯨岡氏の論に触れましたが，そこでは多様な分野の実践の当事者になるプロセスとしてのエピソード論が繰り返し提起されています。自己の実践に対する姿勢が問い返されていくエピソード論の核は，当事者の立場を大切にするという主張です（鯨岡，2013年，3頁）。

　当事者とは，一般にはその問題を抱えている人のことを指します。特別支援では主体的に生きようとしている子どもたちでしょうし，またその子どもたちに取り組み，これもまた主体的に問題を引き受けようとしている私たち教師でもあります。しかし，問題を抱え，引き受けようとする当事者ではあっても，当事者性を発揮するのは容易なことではありません。

　行動主義的立場への批判として，子どもの「できるようになる」という変化

だけで子どもを理解し評価することの浅薄さが指摘されてきました。しかし，私たち教師は，子どもの行動の変化を評価しつつ，そこでは単に「できること」だけを評価しているわけではありません。少しでも変化した行動を見せてくれた状態を見つつ，その変化がなぜ起きたのかを省察しているはずです。そのことの意義をふまえておく必要があります。この時点でもすでに実践の当事者性は発揮されているのだと考えます。

　しかし，その次元にとどまらずに，よりいっそう当事者性が発揮されることを目指す，そこにエピソードをふまえた実践研究の意義があるのです。このような視点に留意するとき，エピソードをもとにした実践の探究は，「何のために」という教育の目標や教育課程のあり方にまで広がっていきます。学校の教育目標や教育内容は学習指導要領に示され，いくたびも改訂されてきました。その改訂をどう受け止めながら，未来を見通して今日の時代に育てるべき子ども・青年像を確かなものにし，授業実践や生活指導実践を創造的に展開するのかを探るためにこそ，エピソード論の意義があるのだと考えます。

　今，いわゆる教育のスタンダード化が教育実践の行方に大きな影響を与えています。多様な教育的ニーズをもつ子どもたちを対象にする特別支援教育だからこそ，スタンダードという名目の「ありきたり」の教育ではなく，荒削りではあっても子どもたちとともにつくり出す自由で創造的な実践が問われています。こうした実践の探究が教職生活の生きがいになり，私たち教師のキャリア形成につながるのだと考えます。　　　　　　　　　　　　　（湯浅恭正）

Ⅱ章

内面や意識の変化を描くエピソード記述の方法

Ⅱ章
内面や意識の変化を描くエピソード記述の方法

① エピソードで何が明らかになるのか？

　近年の教育実践では，エビデンス（客観的事実）に基づいた実践展開が求められる傾向にあります。もちろん，教師の思いで学習課題が設定され，教師の思うとおりに指導すればよいといった教育実践は受け入れられませんが，だからといって，客観的事実のみをもって教育実践を展開するというのもいささか無理があるのではないでしょうか。

　たとえば，「できるようになったこと」という成長・発達について考えてみましょう。ここで言う「できるようになったこと」は必ずしも客観的に事実として示せることばかりではありません。人前で話すことができるようになったという成長・発達について言えば，発話量がたくさんになったというだけでなく，声に張りが出てきたという変化から，「自信をもって話すことができるようになった」と評価することも可能です。

　一方で，自信をもって話せるようになった子どもでも，場所が変わればまた声が小さくなってしまうとか，知っている人の前と知らない人の前では，声の張りも違っているというように，環境や空間によって変化することもあります。また，自信をもって話すことができないでいた生徒も，同級生が一緒に前に出てくれれば話すことができるという場合もありますし，あこがれている先輩が運動会のときに大きな声で選手宣誓をしていたのを見て，自分も人前で話してみようと思うということもあるかもしれません。

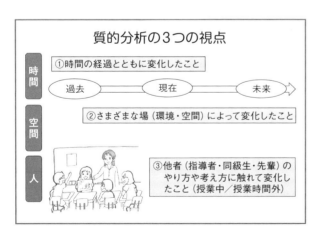

　このように，エビデンスとしてはとらえにくい変化が教育実践には多く存在します。特に，時間・空間・人と

の関係性については量的データで示すのが難しいことが多いでしょう。本書で紹介するエピソードとは，こうした質的な側面から特別支援教育の実践を分析・検討するものです。

② 重度・重複障害児の授業づくりとエピソード

前節で指摘したエピソード記述の方法を用いて具体的な授業を描くとどのようなことがわかるのでしょうか。たとえば，ことばを発することが難しく，動きもあまり見られない重度・重複障害児の授業づくりから考えてみましょう。

夏のある時期に特別支援学校小学部に在籍する重度・重複障害児5名（教師4名）が参加した自立活動「見る・聞く・ふれる」の授業を参観したときのエピソードです。この授業では，毎回，授業の始まりにみんなで歌を歌うのですが，夏の時期には海の歌を歌っていました。

その後，先生方が海にちなんだ遊び場を教室に設置し，子どもたちはめいめい好きな場に行って「海」を楽しむのですが，そこでは教師が意図的にさまざまなしかけを用意していました。たとえば，児童Aが教師Yに支えられながら砂浜エリアでさらさらの砂を触って楽しんでいたときに，教師Tが児童Aの手に波エリアから水をかけるようにして関わるなどのハプニングを起こします。すると，児童Aが触っていた砂が水分を含んだ泥となり，それまでの心地よい感触が一変するのです。

教師Tは児童Aのそうした表情の変化をとらえて，「嫌だったね。この感触嫌いだもんね」と気持ちを代弁するかのように話しかけ，手についた泥をタオルでぬぐってあげていました。すると再び心地よくなったのか，児童Aはまた砂に手を伸ばそうとしま

Ⅱ章 内面や意識の変化を描くエピソード記述の方法

す。

　一方で，岩エリアには児童Cが遊びに行きました。岩エリアには本物の岩を用意することはできませんが，手のひら大の丸い石をいくつか用意して，それを毛布の下に敷き，その上を歩いたり，寝転がったりしていました。児童Cはその毛布の上に背中をつけて寝転がるのが大好きで，「どこに行く？」と問いかける教師Zに対して，目を岩エリアのほうに動かして知らせます。こうした授業を繰り返していくうちに，児童Cは目の玉を動かすと自分の行きたいところに行き，やりたいことができるということがわかってきて，意思表示が明確になってきました。

　児童Aと児童Cが遊んでいる間，児童B，児童D，児童Eは海の家で順番を待っていました。そこでは扇風機の風にあたりながら，教師Xがそれぞれの子どもに冷たい氷を触らせたり，波の音を聞かせたりして，期待をもたせていました。

③ エピソードでなければ見えてこない内面の変化をとらえる

　上記の授業エピソードにあるように，重度・重複障害児は，自らことばを発することが難しいので，行動の変容をもとに子どもの成長や発達をエビデンスとして示すことには限界があります。近年，脳科学の進歩により行動に表れていないときの脳の活動状態をとらえることが可能となってきましたが，こうした手法を用いたとしても，やはり限界があるでしょう。

　エピソード記述はこうした子どもたちの変化を豊かに記述することができるという点で価値ある実践記録の方法であると考えます。特に，表情や視線などの微弱な変化をとらえ，子どもの内面の変化と結びつけることによって，外見的には変化していると思えない子どもの意識をとらえることができるという点でエピソード記述は優れていると言えます。

　これは，重度・重複障害児は行動上，変化しにくいからエピソードで微弱な変化をとらえるしかない，といった消極的な意味ではありません。そうではなく，重度の障害があったとしても，内面は豊かに変化しており，意識は他者（社会）に向かって成長・発達しているということを示すことができるといっ

たポジティブな意味をもつものであると考えます。

もちろん，恣意的に，観察者が「こう変化してほしい」と願っている点だけを記述するようなエピソードであってはなりません。また，エピソードを書いた本人にしかわからないような描写ばかりだと，子どもの内面や意識の変化が周囲に伝わらず，広がりが出てきません。そのため，その子どもをよく知っている人がその場面を見たら，およそ同じような記述をするだろうというように，ある程度，共通した視点で見て，書くことが必要です。

> 「内面」をとらえるときに注意すること
>
> **思い込みを捨てる**
> ● 「これが当然」という予断をもたず，子どもの気持ちになりきる（吹き出しに「思い」を書くように）。
>
> **行動ではなく「意味」に着目**
> ● 子どもの行動を客観的に書こうとするのではなく，行動の「意味」をとらえて，それを記述する。
>
> **客観性ではなく妥当性**
> ● その「意味」は自分だけでなく，他の人も「了解」できるか，もう一度振り返り，妥当性を高める。

しかし，それは客観的事実のみを書くのではなく，その子どもの内面や意識を描き出すことができる視点でストーリー仕立てにして書くことが求められます。また，エピソードは1回きりのものです。脳科学的な実験とは異なり，状況や場面，あるいは関与する人が異なれば，そこで生じる物語は変化します。こうした点を許容しなければ，豊かなエピソード記述を書くことはできないのです。まさに，同じ内容の授業であっても，その日のその場の関わり方で重度・重複障害児の表情や意識が変わるというのと同じです。

このように，エピソード記述は，エピソードでなければ見えてこないことを描くことによって，新たな実践の意味を見つけ出そうとするものです。普遍的ではなく状況依存的な場面を取り上げ，客観性ではなく妥当性のある記述をもって子どもの内面や意識を描くことができるという点で，エピソード記述は意味があるのだと考えます。

④ 教育実践をアート（芸術）として描く

以上の点をふまえると，エピソードを通して見えてくることは，決して予定されたとおりに子どもが成長・発達する姿ではありません。時には，偶然ある

Ⅱ章
内面や意識の変化を描くエピソード記述の方法

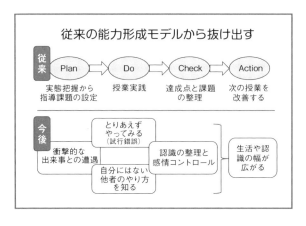

いは教師の意図と異なる状況の中で，これまで表面化しなかった子どもの新しい姿が見えてきたという発見があるのもエピソード記述の特徴です。

また，授業における子どもの活動も，予定したとおりにやるだけでなく，試行錯誤したり，失敗したりする中で，内面の変化が生じるということがあります。もちろん，このときには他の子どもから影響を与えられたり，教師の関わりによってやり方をその場で修正したりすることも含まれます。こうした中で生じた子どもの変化には，「○○ができるようになった」というエビデンスではなく，「認識」面と「感情」面が融合した調和的な成長・発達の姿が見られるようになります。そして，こうした成長・発達の先に生活や学習の質的な変化が表れるのだと考えます。

これは，PDCAに代表される従来型の能力形成モデルから抜け出す実践だと言えます。すなわち，計画したことを実践し，到達しえなかった点を課題として，さらに授業を改善していくといった実践モデルではなく，人の生活を生に描くことができる方法がエピソード記述なのです。

言い換えると，まさに，教育実践をアート（芸術）として描き出そうとする試み（企て）です。アートであると考えれば，たとえ客観性や再現性が乏しくても，多くの人が見て「これはよい！」と思える実践の様子をその人なりの視点で描き記すということを許容できるでしょう。そして，真のアートは，誰がやっても同じになるようなものではありません。教育で言えば，実践者ですら意識していないような科学的に意味のある取り組みも多く記述されるはずです。

本書は，特別支援教育の実践者が暗黙のうちに展開している数々の意味深いエピソードとして取り上げ，研究者による解説（科学的分析）を加えて実践の意味や価値を浮き彫りにしようとする挑戦です。　　　　　　（新井英靖）

Ⅲ章

子どもを深く理解しよう

エピソード1
他害を繰り返すAさんとの関係づくり

　Aさん（特別支援学校小学部4年・男児）は学校生活において気持ちを安定させて取り組むことのできる学習活動がほとんどなく，気持ちが不安定になると他害行動やものを壊すといった行動に出ます。特に給食のときがひどく，食べ始める前に大きな声を出しながら食器を投げたり，「おかわり」を強く要求し，余りがなくもらえないと大暴れするという毎日でした。

① いろいろな方法を試してみるが……うまくいかない！

　Aさんは自閉症スペクトラム障害という診断を受けていて，感覚過敏などもあり，光やにおいに対しては特に大きく反応した。幼少期からひどい偏食だったため，親は食べられるものが増えると嬉しくて，どんどん与えてしまっていた。それが原因なのか，食に対する欲求がとても強くなり，幼児期にすでに冷蔵庫のものを食べ尽くしてしまうというような状況も見られた。
　教師は食べる量を抑えようと，「ちょうだい」と言えたら食べ物を1つ与えるという方法を試してきたが，Aさんの欲求を抑えることができなかった。4年生になるにつれて，Aさんの体が大きくなってくると，次第に手に負えないほどの「かんしゃく」や他害（頭突き，嚙みつき，引っ掻き，つねり，蹴り等）が増えていった。
　こうした中，4年生で最初に担任したときに，最もパニックになりやすいのが朝の会であった。担任が変わり，それまでのイメージと違う朝の会に戸惑っ

ていたのだと思われる。しかし，パニックになるタイミングは日によって異なっていた。

　パニックになりそうな場面では，学年主任が「Aちゃん，大丈夫よ」と背中をさすったり廊下に連れ出しておんぶをしたりしていたが，なかなか気持ちは安定せず，他害をしてしまっていた。一方で，慣れてきた教師には不思議なことにそばに来て，「なでて」とでも言うように教師の手を自分のお腹や頭にもっていき，泣いていた。

　学校で対応に苦慮したのはやはり給食場面であった。給食は食べ始める前に一度，食器を投げないと気が済まない様子だったため，そうしたときには投げてしまった品を皿ごと片付け，「投げたらもう終わりだよ」と終わりのサインをしながら状況を伝えてみた。しかし，この対応はAさんをさらに不安定にさせた。そこで，プラスチックの板にプラスチックの容器を強力接着剤で貼り付けて投げられないようにしてみた。こうすると，Aさんの力では投げられなかったが，投げられないとわかるとAさんは自分の手を勢いよくスープに入れてバシャッと食べ物をかき出してしまった。

　Aさんが給食を投げることで，他児も驚いて泣いてしまったり，不安定になってしまったりしていたため，なんとかしなければと思いながらも，何もできずに2カ月近くが経過した。私は，こうした方法ではうまくいかないだろうなと感じながらも，学校の決まりと，去年まではできていたという事実，また「わがままを許している」と周囲から見られているのではないかという思いから，なかなかAさんへの関わりを変えられずにいた。

②　「アタッチメントを形成する」という考え方を共有する

　あるとき，外部の専門家に相談する機会があり，Aさんの様子を話して対応方法についてアドバイスを受けた。そこでは，Aさんが不安定になっている要因の1つに，家庭などでの養育困難な状況が関係していて，アタッチメントが形成されていないのではないかという話になった。

　アタッチメントというのは，具体的には，子どもが生まれたときの親のように「この子が生きてさえいてくれたらいい」というような完全受容をする気持

Ⅲ章
子どもを深く理解しよう

ちになるようなもので,教師とAさんとの関係もそうしたところから築くことが必要であるというアドバイスであった。そのため,「給食をみんなと一緒にちゃんと食べさせよう」という考えを一度忘れることが必要ではないかと指摘された。こうした話を受けて,学校ではクラスの教師2人と学部主事と話し合い,Aさんの支援方針を変えた。

　具体的には,給食は別室で教師と2人きりで食べるようにした。給食のワゴンが給食室から運ばれてきて,配膳可能な時間になったらすぐにAさんと教師の分をよそって,「いただきます」のあいさつを待つことなく食べられるようにした。

　他の教師たちもこうした特別な対応を了承してくれ,教室の隣に設けられているグループ別学習で使用する小部屋（以下,学習室）に,Aさんと担当教師の机を向かい合わせで置き,食べるようにした。

　給食を待てないAさんのために,4時間目が終わると同時にAさんを学習室に連れて行ってエプロン等を着るよう促した。Aさんの苦手なおしぼりをしぼる動作等は教師のほうで行い,Aさんが身支度を整えたと同時くらいに給食を持ってきて目の前に置いたところ,Aさんは不安定にならずに静かに席についた。「いただきます」はAさんにとって「NGワード」のため,私が手を合わせて黙ってお辞儀をして食べ始めるとAさんは驚いた様子で私のほうを見ていたが,そのまま一緒に食べ始めた。

　こんなに穏やかな表情をして給食を食べるAさんを見たのはその日が初めてというくらい,穏やかな表情をしていた。この後も,おかわりがないと食器を投げるという場面はあったが,そうしたときには教師がすぐにAさんの好きなバランスボールを持ってきて,Aさんを乗せ,気持ちを落ち着かせると,大きく混乱することは少なくなった。

③ 安全基地を頼りにして，活動が広がる

　以上のように支援方針を変え，Ａさんの気持ちをできるかぎり受け止め，Ａさんが安心して食事をとれるようになってくると，数カ月のうちに給食を投げることは減っていった。

　たとえば，別室で食べるようになってから１カ月が経過すると，Ａさんは自分から机を学習室に運んで静かに給食が来るのを待つようになった。「ここで待っていればいいんだよね」とでも言うように，特に配膳される様子を見に行くこともなく，落ち着いて自分の席に座ってくれていた。

　12月には授業参観があり，４時間目にいつもＡさんが給食をとっていた学習室が懇談会で使われることになった。時間どおりに懇談が終われば何の問題もないのだが，なかなか終わらず，このままではＡさんが不安定になってしまうと思い，とっさにパーテーションでＡさんの机と椅子を囲い，他児から見えないところで給食を食べることにした。

　そこは普通の教室であったので，他児の声がたくさん聞こえる環境であったが，Ａさんはいつものように給食をおいしそうに食べていた。この偶然の出来事があり，次の日から他児と同じ教室内で，パーテーションで仕切るだけで給食を食べることができた。

　４年生の終わりが近づいてくるころには，他児と同じ空間で，取り組める学習活動が増えていった。もちろん不安定になってしまうこともあったが，そうしたときには，他害という行動で表現するのではなく，教師に「ボール」とことばで要求できる場面が増えていった。教師が安全の基地となり，ボールで遊べば大丈夫といった心理的な避難所を用意することで，Ａさんが少しずつ活動を広げられるようになったのだと思われる。

④ 「子どもの見方」が変わると，指導も変わる

　以上のように，Ａさんが学校で安定して過ごせるようになったのは，教師が「子どもの見方」を変えたからだと思われる。すなわち，Ａさんのパニックや

Ⅲ章
子どもを深く理解しよう

他害をやめさせ，行動を止めるための方法を考えることから，Ａさんを受け止め，向き合おうとしたからこそＡさんは安定していったのだと考える。

特に，今回のケースでは，教師の側に「アタッチメント」という考え方が根付いたことが，指導観を変化させることに大きく関係したと考える。そのため，指導観を含めて，次の担任教師にどのように引き継いでいくかということがとても大きな課題であると考える。　　　　　　　　　　　　（三浦佳苗）

> エピソード1　解説
> # 「構造化」ではなく「アタッチメント」

1 「別室で給食を食べる」のは構造化？

　このエピソードは混乱する児童のためにいろいろと対応しながら，最終的には「別室で給食を食べる」ことでAさんが安定していったケースである。
　こうした点だけを取り上げて解説してしまうと，自閉症児には「構造化」することが大切であるという帰結になってしまう。事実，Aさんが落ち着いて給食を食べられるようになったのは，別室で「わかりやすい」流れで給食が用意され，教師の意図が伝わりやすい1対1の場面で食べるようにしたという構造化とも考えられる支援が大きく影響していることは事実である。しかし，このように教育実践をある場面だけを切り取ってとらえると，見誤ることも多い。たとえば，Aさんのケースでは，「食器を投げない」ためにお皿を板に接着させるなど，構造化は他にもいくつも試していた。こうした対応がうまくいかなかったのは，「わかりやすくても，納得できない」という気持ちの面を受け止めることが必要だったということであろう。

2 「子どもの見方が変わる」ということの意味

　そして，Aさんの指導について教師は行き詰まり，どうしたらよいかわからず，学部全体で苦悩していたときに外部専門家から「アタッチメント」という考え方を提案され，「子どもの見方を変えた」のである。
　これは，「子どもの見方を変える」ためには，発達検査やアセスメントなどの心理学的な知見をたくさん知っているということが必要なわけではないと，私たちに教えてくれているケースであると思われる。
　すなわち，Aさんに対応していた学校の教師たちは，さまざまな発達検査に

関する知見はもっていた。もちろん，指導の前に信頼関係を築くことの大切さや，情緒的に不安定な子どもの裏に愛着形成が関係するケースがあるということも知っていた。しかし，「知っている」というだけでは，学校に存在する「文化」（たとえば，給食はクラスのみんなで楽しく食べるという固定観念）を崩すには至らなかったのが今回のケースではないか。

そうではなく，「子どもの見方を変える」ということは，子どもの悲痛な叫びを目の当たりにして，自分の指導力のなさを痛感し，このままではいけないと強く感じるといった苦闘の中で生じることなのではないだろうか。

③ 子どもの気持ちと一体化することが「アタッチメント」

以上のようにAさんのケースをとらえると，特別支援教育で重要視されているPDCAのサイクルにも疑問符がつく。Aさんの指導が改善していったのは，実態をふまえて，指導方法を計画し，実行して，評価するといった論理的・認知的なプロセスによってではなく，指導がうまくいかない現実を前にして，教師が身を削るほどの苦悩の中で，ようやく固定観念を外して，実践を切り拓くことができたのだと考えるべきである。

特に他害やパニックといった「（教師にとって）手のつけようのない行動面の困難」を抱える児童への対応では，「どのように指導するか」といった指導技術よりも，「この子の状態をどうとらえたらよいのか」といった指導観が問われることのほうが多い。

Aさんのケースでは，こうした「指導観」を覆されるほど追い詰められた教師が行動的に支援をする「構造化」ではなく，「アタッチメント」の考え方に行き着いたことも納得がいく。なぜなら，この状態から子どもと一緒になんとか抜け出したいと強く願う教師は，子どもを「指導対象」として見るのではなく，まず子どもの気持ちと「一体化」するといった境地に立つことのほうが自然だからである。まるで乳児を育てる親が気持ちのうえで子どもと一体化しているような関係性，これが「アタッチメント」であり，子どもの見方を変えるための，子ども理解の第一歩であるということを，私たちはAさんのケースから学ぶことができる。

（新井英靖）

エピソード2
卒業生たちとの再学習
―子どもの可能性はアセスメントを超える―

　自閉症のBさん，ともに過ごした小学校時代の6年間は，学習に積極的に取り組む児童でした。中学校時代に必要な支援が受けられず，特別支援学校高等部時代は障害の重いクラスに入り，奇声をあげる等の問題行動も目立ち始めました。私は，毎年，Bさんと同窓会で出会うたびに，その変化を悲しく感じていました。そして，彼を立ち直らせるのは学習ではないか，もう一度彼と学習をしてみたい，という思いをもちました。Bさんを含めた卒業生たちと行った再学習について紹介します。

1 大人になった卒業生と行った国語の授業

2013年に5回にわたって同級生5人とともに学習会を行った。

○オリエンテーション（メンバーの確認，これからの予定の確認，やることなど）
○第1回授業（ねらい：授業を思い出し，授業の姿勢をつくる）
　(1) 出席確認……名前を呼ぶ（呼名）。
　(2) 名札を貼る……指導者が配布し，指定された場所に貼る。
　(3) カレンダー……今日の日付を確認し，今日のところにシールを貼る。
　(4) 「こんにちワニ」の学習……①テキストを配る，②名前を書く，③指導者が前で読んでいく（範読），④メンバーにそれぞれ読ませる。
　(5) プリントをやる……プリントを配布し，名前を書かせてやらせる。必要

に応じて援助する。
　（6）プリントにパンチで穴を開け，ファイルに綴じる。
○第2回は「こんにちワニ」と五味太郎の「さる・るるる」を読み，「セロ弾きのゴーシュ」の読みに入っていった。
○第3回は「こんにちワニ」の内容，「さる・るるる」の朗読，「セロ弾きのゴーシュ」の部分読み，内容の読解を行った。
○第4回は「さる・るるる」と「セロ弾きのゴーシュ」。3回目から1週間しか間があいていないので，参加者は前回のことをしっかり把握して動けているようだった。明らかに前回のことを覚えているな，という印象であった。
（※第5回の授業はほぼ第4回と同じ）

② 勉強したいという気持ちはいつまでも続く

（1）徐々に授業の形態に慣れ，内容的にも理解が深まっていった（特に間が1週間しかあいていないときは，前回のことをしっかりと覚えているようであった）。
（2）指導者の呼びかけや問いに反応する回数が増えた。
（3）声は出すものの，最後の授業は離席もなく，明らかに1回目のときと授業態度が違っていた。

そのときのBさんの保護者の感想である（注：「つくし」は支援学級名）。

> ときどき「次のつくしの勉強は？」とか言ってます。大声ばかり出して授業を妨害？していたわりには，楽しみにしていたんですね。6月22日の勉強会のときは一度も部屋を出ず，トイレ休憩もせず，お茶も飲まず，1回目と比べてずいぶん学習態度がよくなったと感じました。また6年生の時のように「セロ弾きのゴーシュ」を本当に理解して楽しめるようになるかもしれない……。とちょっと希望が湧いてきました。
> 　問題行動ばかりで，薬を減らしてもらえずにいますが，はたして○○のこの状態は精神科の薬が効くだろうか……？　といつも疑問に思っていま

> す。
> 　確かに中学3年のときは学校に行きたがらず，表情も暗く，精神的にダメージを受けている感じでした。でもそれは高等部に入ったときに改善されたように思います。その後の問題行動は精神的なものではなく，頭の中がぐちゃぐちゃしていることによるものなのではないかと思っています。つくしのときに積み上げた学習が中学で崩壊してしまって，バラバラのまま散乱しているのだと思います。高等部の先生方はとても親身に御指導くださいましたが，なにしろ作業実習など進路関係の学習が多かったですし，状態の悪さから重度のクラスに入らざるをえず，すべてひらがなだったり，歌による算数指導など，○○が今まで学んだこととうまくつながらないことも多かったのです。なんとかしてせっかく学んだものをもう一度積み上げて，今度は絶対に崩れないようにしてあげたいものです。
> 　高校2年の弟は「大学院まで行きたい」と言っているので，あと10年は勉強するんだろうなと思います。それなのに○○はもう勉強の道を絶たれてしまったのはちょっとかわいそうな気がします。別に大学に行くためとか，企業に就労するためでなくても，物語が読めて心豊かな人生を送ってくれたら素敵ですよね。

　私も，保護者と同じ思いをもつ。たとえ障害があっても，心豊かな人生を送るために，教科の学習は大切なのではないであろうか。

③ アセスメントでは見えてこない卒業生の変化

　小学校時代のBさんのノートは「もともと絵や文字を書いて遊ぶのが好き」で，創造的で楽しい雰囲気がノートからも伝わってくる（写真1）。中1の最初の学校日誌でもしっかりと書いており，小学校時代の学習の蓄積を感じる。中3の12月の学校日誌では，書く意欲をなくしており，筆圧も低い（自由帳を渡してもペンを叩きつけて音を出すのみ。足をドスドス鳴らしたり大声を出したりしている時間がほとんどであった）。高等部ではひらがなを書くことがやっとであった。自由帳も1つの漢字をひたすらなぐり書きし，だんだん変

Ⅲ章
子どもを深く理解しよう

写真1

写真2

写真3

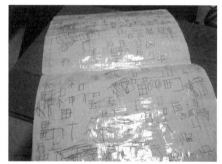
写真4

形して絵のようになってしまっていた。書くことはどんどんエスカレートし，ボールペンは3日でインクがなくなり，ノートは2日で1冊使ってしまうほどのペースになった。自分のノート以外にも先生や友人のノート，机，壁，銀行の通帳にまで書くようになり，目が離せなくなった（写真2）。

　それが，再学習に参加してからノートに変化が表れてきた。①自分のノート以外に書かなくなった，②はじめのページから順に同じ向きに書くようになった，③なぐり書きの隙間に意味のある文字が書かれるようになった，④寝そべったり，立ったまま書く時間が減り，机に座って書く時間が増えた，⑤書いて破れたところにテープを貼るようになった。

　自分のノート以外に書かなくなったことで家庭に平和が戻った。今はテープを貼るのがマイブームで，セロハンテープを大量に消費する日々。「破壊的」

ではなく「創造的」で，心の変化を感じる（写真3，4）。

④ 学びのイメージをもつことの重要性

　学習することで形成される「学び」のイメージを小学校時代にしっかりとつくっておくことで，大人になってもそのイメージを忘れずに再学習を行うことができる。そして大人になってもこうした学習を行い，知的活動を促していくことは，意義がある。

　今回のBさんの事例では，学習会がきっかけとなって，彼自身の中に「学び」の方法が復活し，自分の頭の中が整理されたと言ってもいいのではないであろうか。卒業後の人生においてもこうした活動の意義は十分にあると考えている。

（高橋浩平）

エピソード2 解説
卒業後に開花する新しい価値

1 卒業は終わりではなく，新たな出発である

　卒業は子どもにとっても，親にとっても，そして心ある教師にとっても一種の危機である。本人にしてみれば自分に求められることが大きく変わり，親にしてみれば目標が果てしないものとなり，教師にしてみれば心配と期待と自責が始まる。

　エピソード2の著者は，「自閉症児」ということばが教育界に登場し始めたころから，その子どもたちの教育に心を砕いてこられた熟練の実践家である。「この子どもたちが教育を望んでいる」ことを誰よりも知っているからこそ，卒業後の学習会を開きたかったに違いない。学校時代に毎日していた子どもと教師との共同学習が，その子どもの生活全体を形成していたことを身をもって経験していたからこそ，卒業後も学習の機会が必要と考えたのである。だが実行できる人は，そう多くない。

　卒業していった自閉症の青年たちが求めているのは「自分に向き合ってくれる大人（＝先生）」と，自分にちょうどよい手応えの「少し難しい学習内容」であり，前者・後者を合わせた「学びの機会」である。親は言う。「なんとかしてせっかく学んだものをもう一度積み上げて，今度は絶対に崩れないようにしてあげたい」，「別に大学に行くためとか，企業に就労するためでなくても，物語が読めて心豊かな人生を送ってくれたら素敵ですよね」と。

2 学びが本人の安心感をつくる

　子どもが大人になっていくときに，必要なのは，いわゆる「問題行動」を薬で減らすことではない。夢中になって勉強する「学びの機会」こそ必要なので

ある。なぜ「問題行動」に至るのか，その意味や歴史を一緒に考えてくれる教師が必要なのである。

　私たちの子どもたちは，人間がこれまで創造してきた文化，科学，芸術，スポーツ……を求めている。記号や文字や数字によって媒介されている世の中のことすべてをとても知りたがっている。だからそれを勉強すると安心する。

　学校時代には，心身とも落ち着かないままに，たくさんのことを一方的に与えられがちだったが，卒業後は自分の好きな勉強，自分のしたい勉強を自分の生きがいにすればよいのである。人類が創造した文化は他人に指示されて無理やり身につけるのではない。自分の意志で，記号や数字や文字を使うことである。やらされて書いていた時期は，ボールペンのインクを必死で減らそうとしたり，鉛筆を力ずくで圧してしまうが，自分にとっての意味を自覚できれば，丁寧に書ける。私たちは皆，そうして大人になったのではないか。

　必要なのは「薬」や「指示」よりも，「学ぶ機会」であろう。エピソード２の著者の行った仕事は，「再学習」のように見えるかもしれないが，むしろ「新しい学習」あるいは「真の学習」と呼ぶべきであろう。「学び」があれば安心感が生まれ，想像力が育てば子どもたちは創造し始める。

③ アセスメントと可能性

　アセスメント（assessment）は本来，マイナス査定を示すことばである。教育分野ではエヴァリュエーション（evaluation, e+value, すなわち「価値づけ」）というプラス評価を尊重すべきであろう。マイナス査定（ダメなところはどこか）を基本とするアセスメントをいくらしてみても，子どもたちの可能性は測定できないばかりか，自信を失わせ，うつむかせてしまう。だから，エピソード２の著者の言うように，「子どもの可能性はアセスメントを超える」のである。ただし，優れた教師がそばにいれば，である。　　（廣瀬信雄）

エピソード 3
教科学習を通して子どもと「つながる」

　初めて異動した学校で，どうしてよいかわからない中で始まった新学期。しかも，初めての高等部配属で右往左往していたが，それでも授業はやってくる——。生徒3名に対して教師1名の少人数グループで行う数学の授業を担当し，「長さ」の授業づくりをすることになりました。目の前の生徒が興味をもって主体的に学習する姿を目指し，試行錯誤が始まりました。プリントをひたすら解いていくことは得意である彼ら，そして長さに関する理解の実態に差がある彼らが一緒に学び合える授業をつくるためにはどうしたらよいか，悩んだ日々のエピソードです。

1　授業以外の「かかわり」から実態を把握する

　初任校を離れて初めて異動したこと，初めての高等部の担任ということで，緊張して迎えた4月1日。まだ子どもの姿を見ないうちに，私が国語・数学で担当するグループは決まった。縦割りの実態別で編成するグループなので，1年生から3年生の計3名という集団であった。
　このグループの授業を考えるために，これまでの3名の学習の様子を知りたいと思い，以前この生徒を担任したことがある先生に話を聞いた。簡単な会話でコミュニケーションがとれること，プリント学習をするとどんどん解いていくことなど，さまざまな情報が得られたが，その中で「長さの学習」はあまり行ってこなかったことがわかり，長さに関する授業を考えてみようと思った。
　授業では，長さに関する理解の実態を把握するために，長さに関するプリン

トを多数準備し，どのくらいわかっているかを確認した。初めての授業で感じたことは，3名の長さに関する理解の実態がそれぞれ異なるということであった。もちろん，このことは事前に話を聞く中でわかっていたことであり，特別支援教育に携わる者としてはあたりまえのことであるが，実態に差がある集団で「学び合える活動（3名の共通の学習）」を用意できるかどうかに悩んだ。

そこで，再度，他の先生方に相談してみることにした。それぞれの生徒が好きなこと，今までの授業中の様子，休み時間の過ごし方など，国語・数学以外の授業について情報を集め，彼らが「おっ！」と思ってくれる授業づくりのヒントを探った。また，朝や帰りの時間，あるいは休み時間など，授業以外の時間で彼らとできるだけ関わるようにした。

すると，数回の授業のうちにいろいろなことが見えてきた。理解力があるCさんは，集中することが難しい。プリントを渡して「名前を書いてください」とこちらがことばかけしてもすぐとりかかれず，何度か促す必要があった。プリント学習が得意でどんどん解いていくDさんは，目の前のやるべきことが終わったり，何か気になることを見つけたりするとすぐ離席した。特に気になることを見つけたときは，たとえそれが学習している部屋以外のことでも，確かめたり納得したりするまで席に戻れなかった。計算が得意なEさんは，長さについては苦手であった。「どちらが長い？」と2本の鉛筆を手渡したとき，端をそろえて直接比較することができず，あまり鉛筆を見ないで短いほうの鉛筆を選んで「長い」と答えていた。

このように，三者三様の課題や困難がわかってくる中で，3名の共通点があった。それは，問題を見たときに「難しい」「わからない」と判断してしまったら，思考が止まり，課題とは別のことを考え始めるということであった。また，その日の気分や体調にあまり左右されず学習に取り組むことができるということもわかった。

② ゲームを通して他者を意識し，学習が広がる

そこで，あえて簡単な問題を多く取り入れたプリントをどんどん提示し，一緒に正答を確認しながら称賛するという流れをつくっていった。これは，新し

Ⅲ章
子どもを深く理解しよう

い学習グループとなり，なじみのない「長さの学習」で，しかも出会って間もない教師との授業で，学習に対して嫌な気持ちを抱いてほしくないという思いがあったことも関係している。

こうした実態がわかってきたので，いよいよ単元の内容を固めて，指導計画を立てようと考えた。もちろん，実態がわかっても実態差が埋まるわけではないので，集団での学習をどのようにしたらできるのかについては悩んだが，3名の共通点をふまえると，「何かを目指してそれぞれの問題を解く」という設定なら，共通の学習ができるのではないかと考えた。具体的には，「指令」と称した長さに関する問題を提示し，3名が解く問題の答えを組み合わせることで，次の指令に進めるという設定を思いついた。

こうした授業の構想についても，他の先生方に意見をもらった。この3名をよく知る先生方は，指令を解きながら島の地図を進んで宝にたどり着くというゲーム（流れ）なら，好んでやるのではないかとアドバイスをしてくださった。こうして，「ふとくクエスト」（ゲームソフトをイメージして考えた謎解きゲーム：「ふとく」は附属特別支援学校の略称）と銘打った単元が始まった。

この単元の最初の授業日，冒頭で「今日から，皆さんには長さの指令を解いてもらいます」と伝え，「ふとくクエスト」というタイトルと島の地図を黒板に貼ったら，3名全員が黒板によく注目していた。「ふとくクエストー！」と読み上げたり，どんなことが始まるんだろうと私を見つめてくれたりする姿が見られ，指導者としてはほっとしたのを覚えている。

「ふとくクエスト」は，1つの指令を解くごとに島の地図を進んでいき，ゴールの宝箱までたどり着くとアイテムをもらえるという設定にした。3名が解く問題は，自分で少し考えると解けるレベルの問題にし，教師の支援が少なくなるようにした。それは，「自分で解いた」「自分たちで答えを導き出した」という感覚を少しでも多く味わってほしかったからである。

やってみると，ゲームのような雰囲気がよかったのか，これまでやってきたプリント学習より積極的に取り組む姿が見られた。

以前は気が散ることが多く，問題の解き方はわかるのになかなかとりかかれなかったCさんは，プリントを手に取ったらすぐ問題にとりかかるようになっていた。Eさんは2つを比較して長いほうがわかるようになったので，長短を

比べて答える問題を自分で解いていった。

　大きな変容が見られたのはDさんだった。最初は，自分の問題を解き終えると「できたー！」と言いながら次の指令を取ろうとしていた。Dさんは比較的早く問題を解くことができるということがわかっていた

ので，あえて多めの問題を提示していたが，それでも進度が異なるときは，おまけのプリントを与えるほどであった。しかし，3名が答えを出し，組み合わせるという流れを繰り返すうちに，他の友だちの進み具合にも注目するようになった。またEさんは，他の2名が「ものさし」を扱って長さを測っている様子を見る機会が得られ，その後の学習の中で「ものさし」を扱うことができるようになるなど，学習が広がったと感じている。

③ 「つながる」学びを展開することの重要性

　このゲームは，はじめは簡単な問題を多くしたが，次第に少し難しさを加えていった。そういった「小さなチャレンジをする」場面が高校生という年齢段階には必要なのではないか。また，「ふとくクエスト」といった授業のタイトルや，次の指令に進むためにみんなで「クリアしていく」，少しずつ「レベルアップしていく」，というゲーム性（ストーリー）が，生徒の関心にうまく合致したことが，高校生としての授業づくりにとって大切な視点であったと考える。

　一方，一斉学習で3名が関わるのは答え合わせをして新たな指令を受け取るところしかなかった。3名が異なる問題を解いている以上，頭を突き合わせて一緒に考えたり，同じ問題について話し合ったり，助け合うような場面（「学び合い」）はなかなか設けられなかった。また，一斉学習の後は，完全に3名

が（長さに関する問題を）個別に学習していた。一斉学習と個別学習のつながりをもう少しもたせて，50分間を1つのストーリーとして授業づくりができなかったかなど，反省点も多く残された授業であった。　　　　　（桑田明奈）

> エピソード3 解説
> # 急がば回れ ―遠回りの授業―

1 初めて会った瞬間から子どもの心をつかむ教師

　年度始まりは教師にとっても期待と不安の季節である。まして，自分のクラスではない子どもたちからなる「学習グループ」の子どもたちとの授業は，手探りから始まる。「さて，この子たちとはどんな授業をつくっていこうか……」というように。

　縦割りの学習グループ（本ケースでは3人の高等部生，学年は1～3年生である）の子どもたちもやはり期待と不安で先生を迎える。「どんな先生で，どんな勉強をするのだろう」と。

　教師は2つの授業形態を考える。1つは，3人は別々の課題があるのだから，1人ずつ別の課題を与えて学習を進めよう，とする考え。もう1つは，せっかく3人の生徒がいるのだから，教師を含め，4人で楽しい授業をつくっていこう，という考え。

　前者は個別プリントや個別プログラムを用意することを目指し，後者は，教師を含めた4人の人間関係づくりから始める。

　もちろん，本事例の実践者は後者であり，正しいスタートを切った。そのように考える教師は，出会ったその日から，互いのコミュニケーションの扉を大きく開くことができるのである。

2 授業以外での関わりに勝るものはない

　教えたいことを直接教えるやり方の代表例がプリント学習である。課題そのものを「直接」に「直球」で与えることができる。しかし，これが有効となるのは，児童生徒の「学びたいこと」が教師の「教えたいこと」と調和してい

Ⅲ章
子どもを深く理解しよう

て，なおかつそれが，教科の点数を取るための学習でもなく，教科のための教科の勉強でもなく，子どもたちの生活上の，そしてこれからの生活上の課題とぴったり一致している場合だけである。そうでない場合は，「遠回り」の間接的な教育が必要である。ここで言う遠回りの教育とは，暇つぶしの教育という意味ではない。今，目の前にいるその子どもたちが楽しめる時間にしながら，また，児童生徒自身が将来の生活を意識できるような活動を通して，教師の教えたいことを間接的に実現させていくという意味である。そのヒントは，朝や帰りの時間，休み時間など，授業外の学校生活の中にある。遠回りの教育の過程で，知的・認識的な面の学習が補われる。ここまでくれば，生活単元学習を想い浮かべた読者も多いであろう。数の計算がまだすぐにできない子どもたちも，遠回りであるが，具体物を用い，遊びやゲームを通して，数量の概念や操作をすることを学ぶことができる。いわば，遠回りをする教育方法は，知的障害のある子どもたちにとっての「学び方」なのである。

　課題学習では，従来から遊びやゲームを取り入れることが行われてきた。その底流には，遊びが発達全般を促す，ルールのあるゲームが知的活動を促すという考えがある。さらに，遊びやゲームがコミュニケーションそのものを基盤に置いていることから考えて，参加者の人間関係づくりや楽しい授業づくりにつながることは当然である。

③ 生活年齢の段階ごとに主導的な活動がある

　生活年齢の各段階には，次の発達段階（発達の最近接領域＝Ｌ・Ｓ・ヴィゴツキー）を引き寄せる中心的な活動がある。具体的には，遊び，学習，仕事のような活動であるが，これを，発達を促す「主導的な活動」と言う。

　一見，遠回りの教育は，無駄に思えるかもしれないが，実は，生活年齢の段階と合っている。高等部生ならば，「仕事」「ゲーム」「好きなジャンルの学習」がそれである。これらを通して知識や技能や習熟の発達が図られるだけでなく，生活年齢に応じたコミュニケーションの基盤が成立していくことを，本実践例は見事に示している。

（廣瀬信雄）

Ⅳ章

子どもの遊びを広げる・深める

エピソード4
障害名にとらわれず，子どもの姿から
―対人関係に難しさを抱えるFさんとの関係づくり―

アスペルガー症候群と診断された4歳男児のFさんは療育機関を経て保育所に入所してきました。知的な遅れはなく，指示も理解できていましたが，入所当初は他児との関わりは見られませんでした。母親と父親との3人暮らしで，プライベートで遊ぶ友だちはいませんでした。療育機関のサークルに参加しても，他児と関わることはなく，母親と本児との1対1の関係になってしまうという悩みを母親は話してくれました。初めての集団生活の中で保育士との関係をもとに他児との関わりが広がり，遊びにも変化が見られるようになりました。

① 入所当初の様子

4月に入所してきたFさんは当然ではあるが，緊張の色が濃く，表情の変化が乏しかった。登園を渋ることはなく，毎朝母親に手を引かれ，「行ってらっしゃい」と言われて母親と別れることができた。保育所で泣いて母を求めることはなかったが，母親が迎えに来ると表情が柔らかくなり，安心しているように見えた。

② 担任が安全基地となり，保育所で安心できる場所にする

Fさんを含めた26人クラス。当時，加配の保育士はついていなかったため，全体の保育を進めながら，Fさんへの個別支援をしなければならなかっ

エピソード4
障害名にとらわれず，子どもの姿から
―対人関係に難しさを抱えるFさんとの関係づくり―

た。保育所がFさんの安心できる場所になることはもちろん，まずは，担任保育士（以下，「担任」と表記）との関係をしっかり築き，安全基地となり，それをもとに他児と遊ぶことの楽しさや心地よさを感じられる，共感できる関係づくりを主なねらいとした。

　4月当初はFさんの好きな遊びを把握して，積極的に担任がFさんの遊びにつきあうようにした。母親の話から，家では好きな電車の遊びを楽しんでいるということであった。Fさんはブロックに興味をもったものの，立体的に何かをつくるということはできなかったため，2個のブロックを重ねたものを電車や自動車に見立てて走らせていた。その横で担任もブロックで電車をつくり走らせることにした。こちらに気づいている様子だったが関わる素ぶりもなく，こちらから質問しても，視線を合わせずに「うん」「ちがう」という答えが返ってくるだけで，会話は続かなかった。給食の時間もFさんに質問しながら関わるようにしていると，あるときから「昨日，ママとコンサートに行った」と一方的ではあるが，自分の経験を話してくれるようになった。担任はそれを「うんうん」としっかり聞きながら「楽しめてよかったね」などと相槌を打ち，Fさんの「話をしたい」「話を聞いてもらいたい」という気持ちを大切にするようにした。

　昼寝のときに几帳面に布団にしわが寄らないように敷いていると他児がFさんの布団に乗ってしまい，しわになってしまった。Fさんは担任のところに来て，「せっかくピンピンにしたのに」と泣きながら訴えてきた。初めて，担任に助けを求めてきたときであり，少しずつ担任との関係が深まっていることを実感した。

③ 友だちとの交流の中で自分のことばで伝えられるようになる

　秋になると担任の前をわざと走って，担任の表情をうかがい，追いかけてきてほしそうにしていた。様子を見ていると，また，担任の前を走って様子をうかがっている。担任が追いかけると笑顔で逃げ，担任が追いかけるのをやめると，まだ笑顔でこちらを見ているなど，相手の反応をうかがいながら，遊びに誘う姿が見られるようになった。それにしっかり応えるようにし，人と関わる

楽しさを味わえるように「楽しいね」「面白いね」や，嫌なことがあったときは「それは嫌だったよね」などの共感できるようなことばかけを丁寧にするようにした。すると，「楽しみ」「嫌だ」という感情を表すことばも出るようになった。

　友だちとの関わりも見られるようになり，電車ごっこが好きなGさんと遊ぶようになった。今まで並行遊びに近い状態だったが，砂場で川をつくって船を流す遊びをしているとGさんに向かって，「ここの広いとこだけ通ってね」「船流して」と相手に伝えることもできるようになり，やりとりが見られるようになってきた。また，砂場遊びとブロック遊びが中心だったが，Gさんの参加するレストランごっこやヒーローごっこなどにも一緒に参加するなど遊びの広がりが見られるようになった。

④ 友だちとの関係が広がり変化する時期

　担任が仲介しながら，Gさんを中心に友だちとのやりとりを経験し，「入れて」「一緒に遊ぼう」と，場面に応じてスムーズに言えるようになった。また，友だちと遊ぶことの楽しさを味わったことで，Gさんとの関係からHさんを加えた3人グループで遊ぶようになった。このグループで遊んでいるときは心を許して遊べるようで，大声で笑うことも多かった。それに伴って担任と関わって遊ぶことが少なくなり，担任の目を気にしているようであり，担任が近づくと話すのをやめるなど，意識をしていたため，様子を見守るようにした。3人の関係の中でもHさんには強く主張できるが，Gさんにはあまり主張できないという力関係も見て取ることができた。

⑤ 関係を調整し，関わり方を伝える

　冬になり，クラスではコマ回しやあやとりなどの遊びが主になっていた。Gさんがコマ回しに挑戦するようになり，それに刺激を受け，Fさんもコマ回しに参加するようになった。手先の不器用さがあるため，うまくいかない。担任に「できない」と言ってきたので，一緒に巻き方を練習した。それでも回らな

エピソード4
障害名にとらわれず，子どもの姿から
―対人関係に難しさを抱えるFさんとの関係づくり―

いが，「やってみる」「もう1回」と前向きなことばが出てくるようになったことが印象的だった。

　一方でGさんとHさんとの3人の力関係がより顕著になってきたので，担任もさりげなく遊びに入り仲介しようと考えた。担任とFさん，Gさん，Hさんのグループでコマ回しやあやりとりを楽しむ経験を重ねていくことで，Fさんから担任を遊びに誘ってくれるようになり，それに伴って，担任の前でも力関係を表すようになってきた。Gさんはグループの中でリーダー的存在であり，Fさんに対しても命令口調で指示を出し，Fさんは渋々従っている様子であった。そこで，「Fさんはどうしたいの？」と助け船を出して，Fさんの思いを引き出せるように援助をした。Gさんに対して「Gさんはこれがやりたいって言うけど，Fさんはこっちがやりたいんだって」と代弁しながら，どうしたら楽しく遊べるか考えられる機会をつくるようにした。また，同様にFさんもHさんに対して強い口調で主張するため，「Fさんはこうしてほしかったんだよね。それなら，『こうしたらどうかな』って優しく聞いてみたら？」と具体的に伝えるようにした。それに加え，担任がみんなの意見を整理し「じゃあ，こうしたらみんな楽しく遊べるんじゃないかな？」と折衷案を提示することで，次第に自分の思いを通そうとするだけでなく，譲る姿も見られるようになった。

　年を越して，コマが回るようになると「できた！」と嬉しそうに笑顔を見せ，周りからも認めてもらえ自信をつけるとともに，共感できる経験も重ねることができた。ある日，園庭で花が咲いていたので，花の腕輪をつくり，近くにいたFさんとHさんの腕につけてあげるととても嬉しそうな表情を浮かべ，「Hさん，一緒だね」と何気ないことばが出るようになった。

⑥ 障害名にとらわれずに，目の前の子どもの姿から援助方法を考える

　当時，まだ，現在で言うところの自閉症スペクトラム傾向のある子を保育する経験のなかった私にとって，どのように援助すればよいのか迷うことも多くあった。その中でも，必要以上に障害名にとらわれずに目の前の子どもの姿を第一に考えることを大切にしてきた。今回の実践を振り返ってみると，乳児

が保育士や友だちとの関係を築いていく過程に沿っていたのではないかと感じる。障害のため，人への興味が薄く，関わる機会が少なくなる傾向があったり，独特な関わり方をしたりという特徴はあるが，それらに対して適切な援助がなされれば，発達の道筋は大きく変わらず成長していくことに気づかされた。

　また，加配の保育士がいなかったため，担任自身が濃密にＦさんと関わることができ，Ｆさんの生の姿を直接見て，援助を考えることができたことは結果としてよかったと感じる。クラスの集団の中で，友だちと遊ぶ楽しさ，共感し合える心地よさを味わい，刺激を受けることでいろいろな遊びに参加したり，挑戦したりすることが，Ｆさんの成長の糧になった。　　　　　　（櫻井貴大）

エピソード4　解説
人間関係の楽しさ・心地よさを大切に

1 「関係」づくりの前提

　子どもたちは，これまで家庭で生活してきたため，新しい園での集団生活には戸惑いをもっているのが当然である。それは，健常児であれ障害児であれ，すべての子どもに大なり小なり言えることである。このケースでは，アスペルガー症候群と診断されている4歳児なので，なおさら新しい場への不安が強かったことが予想されよう。

　子どもたちが抱く不安には，新しい環境に変わったことからくるもの，先を見通す力が育っていないことからくるもの，できないことが多いことからくるものなどが考えられる。園では，まず，こうした不安を払拭して，園が子どもたちにとって日々楽しく遊びや生活が送れる「居場所」でなければならない。そのためには，安心できる人と場が必要となってこよう。

　遊びや生活の中で，「楽しさ」を共有することが，「共感」できることにつながっていく。共感し合う関係をつくること，それは「楽しさ」の共有を体験して，「一緒に遊んで楽しかった」と実感する中で培われるものである。仲間の支えや認め合いによって，楽しく活動を積み重ねていくことが重要である。共感できる人と場が必要となってこよう。

2 人間関係をどう築くか

　このケースでは，家庭で電車遊びを楽しんでいることから，ブロックを電車や自動車に見立てて遊ぶ姿が4月当初に書かれている。このように，子どもたちの好きな遊びや得意そうなことは何かを発見することは重要である。「必要以上に障害名にとらわれず目の前の子どもの姿を第一に考えること」の大切さ

Ⅳ章
子どもの遊びを広げる・深める

が述べられているが，障害からして「○○ができない」という見方ではなく，「○○だってできる」という見方をもつことがポイントとなってこよう。

これまでの障害児保育実践の蓄積で，「発達は要求から始まる」ことが確認されてきている。子どもたちの「○○したい」という意欲や願いこそが，発達していく姿の根幹であるという子ども理解である。

家庭での母親との関係から，園での担任保育者との間に安心できる関係が築かれてきたならば，次は子ども同士の関係に着目していくことになる。ただ，このときに，集団の規模に配慮が必要な場合がある。いきなりクラス集団といった大きな集団では「自分を出せない」子どもが多いのが，障害児でもある。

担任保育者以外に，別の特定の子どもとの関係を築いていき，その後友だち意識をもった特別の子どもとのつながりへ展開していくことが幼児期の実践例から導かれる。このケースから「担任を仲介しながら，Gさんを中心に友だちとのやりとりを経験し」「Gさんとの関係からHさんを加えた3人で遊ぶようになった」という広がりに注目したい。

「自分を出す」ことができる人数，「他の子どもとの助け合い」ができる人数といった集団の規模を考慮することが実践者には求められるのではなかろうか。その子ども一人ひとりの今の実態と照らし合わせて，最適な環境を設定していくといった発想が求められるのである。

③ 人間関係の中で話しことばの獲得へ

遊びを通して，場と人が広がっていく中，話しことばが培われていく。ことばは，自分の気持ちを乗せて，相手に伝えようとするものである。そして，ことばは他者との関わりの中で育ってくるものである。「○○したい」と相手に伝える必要性が生じるために，ことばとして発する過程を保育場面では日々見ることができる。共感できる関係がそこにあるからこそ，自分から進んでことばを話すことにもなるのであろう。「前向きな」と書かれている意欲的なことばが出るように，子どもの思いを引き出す支援の方法の大切さをこのケースから学ぶことができる。

（小川英彦）

エピソード5
好きなことに目を向け，友だちとの関わりを広げる
―肢体不自由児のIさんを受け入れて―

　肢体不自由のIさん（年長・男児）は年長になって通園施設から保育所に入所し，新しい生活に多くの刺激を受け，意欲を見せていました。しかし，身体が思うように動かないことや，ことばの不明瞭さから，友だちとの関わりの中でうまく自分が出せず，次第に自ら周囲に働きかけていくことが減っていきました。活動においても，「できない」「疲れた」等，後ろ向きなことばをつぶやき，本来の意欲を失いかけていました。

① 自分の思いを安心して出せるように

　Iさんは入所した当初，新しい環境に目を輝かせ，友だちのすることをじっと見たり，何事にも意欲を見せていた。しかし，その反面，給食の時間に苦手な食べ物を減らしてほしいと言い出せず，いつまでも残って食べており，保育士が「減らす？」と聞くとうなずき，困ったときに自分の気持ちを保育士に要求できずにいた。
　Iさんの母親の話では，Iさんは末っ子で，自分の思いを伝える前に家族が察して手助けしていたという。Iさんには，保育所でも困ったときには誰かが気づくのを待っていたり，受動的な態度が見られた。
　しかし，Iさんの立場になって考えてみれば，療育施設から保育所という新しい環境に移り，周囲とどのように関わっていけばよいか不安に思っているのは当然のことである。クラスに居場所を感じ，安心できる保育士や友だちとの関係を築いていくことが重要である。まずは，保育士との信頼関係を築きなが

ら，自分のクラスで安心して思いを表していけるように配慮していくことを加配の先生と確認した。

　担任の私は，クラス全体の様子を見ながら保育を進め，加配の先生にIさんの支援をお願いしていた。そして，加配の先生に，毎日Iさんの生活や遊びの様子を交換ノートに書いてもらい，加配の先生任せにしないで，保育を振り返り，個別対応や集団での関わりのあり方など連携を深めていくようにした。

② 保育の見直し――Iさんの「ぼく，がんばる！」の意味を考える

　Iさんが入所して2カ月ほど経ったある日，加配の先生からこんなことを聞かされた。Iさんは年長の運動遊びで毎日のように取り組んでいたフープ回しを，その日になって「ぼく，できない。疲れた」と加配の先生につぶやいてきたとのことだった。Iさんは，フープをうまく回せなくても，何度も何度も「ぼく，がんばる！」と言って，粘り強く取り組んでいた。担任の私も，加配の先生も，ひたむきなIさんの姿に対して，「Iさんはすぐに諦めずに挑戦するところがすごいね」と励ましながら援助してきたつもりであった。

　しかし，このつぶやきから，結果的にはIさんにがんばることを強要してしまっていたのではないかと考えるようになった。年長の一斉活動の中で，一緒に取り組んでいたIさんであったが，他の友だちが次々にフープを回せるようになり，何度やってもうまくいかないことにくたびれてしまったのかもしれない。頭の中ではいろいろなことを考えているIさんであるが，ことばが不明瞭なこともあり，あまり多くを話さない。私たちはIさんの「ぼく，がんばる！」を意欲的な姿ととらえ，環境を工夫せずに甘えてしまっていたのかもしれない。

　つぶやきをきっかけに，Iさんの深い気持ちを考えるようになった。ことばのみならず，表情やしぐさなどIさんの全体をよく見ていかなければならない。そして，Iさんの好きなこと，得意なことにもっと目を向けて，活動を支えながら自己発揮できるように支援することが大切だと反省した。「できる」「できない」ではなくて，「やってみたい」という意欲を思いきり遊びの中で表現できるように，保育を工夫していきたいと考えるようになった。

③ Ｉさんのよさを生かし，苦手を目立たせない保育

　Ｉさんは手先も不器用なため，他の友だちの行動から遅れてしまう。戸外から室内に入るときにコップでうがいをするのであるが，そのコップを巾着の中にうまく始末できずにいた。うがいは毎日２回あるため，しばしばこのような状況が生じた。ある日，加配の先生が援助をしようとそばに寄ったとき，同じクラスのＪさんが「できないの？　やってあげるよ」と言って，さっと巾着の袋をいっぱいに広げてコップを入れてくれた。友だちの行為にＩさんの表情がぱっと晴れた。

　帰りの会の話では，この出来事を子どもたちに話した。「困っている人がいたら，『どうしたの？』と聞いてほしい。自分が困っているときに聞いてもらえるとみんなも嬉しいよね」と話をした。Ｉさんには，「困ったら，友だちにも知らせることができるといいよね」と話をした。

　しかし，友だちに要求を出せるようになるには，友だちとの関係がある程度できていないと難しい。友だちとの関わりが広がっていくように，Ｉさんのよさが他の子どもたちにも伝わるように保育士が配慮する必要があると感じた。今できる環境面の見直しとして，まず，母親に相談し，コップ入れの巾着の紐を両手で絞るタイプから，片手で引っ張って絞ることができるものに，つくり変えてもらうようにした。そのおかげで，あれほど時間がかかっていた巾着に入れる動作も，すぐに始末して部屋に入ることができるようになり，Ｉさんの気持ちも安定した。

　行事にも，意欲を見せるＩさん。運動会では，忍者になっていろいろな運動遊びをした。隊形移動では，走れないＩさんが最短距離で移動できるようにし，特別に目立つことのないようにした。音楽に合わせて移動し，みんなと一緒に楽しそうに踊っていた。

　生活発表会では，昔話「桃太郎」の猿の役をやりたいと言ったＩさん。劇の中で一人ひとり見せ場をつくり，Ｉさんも猿役で舞台に上がる。Ｉさんは，立ったまま段差を上がろうとするとバランスを崩し危険であった。私はＩさんに「お猿さんは，両手をついて歩くよね」と知らせ，両手をついて這い這いの

ポーズで上がればいいことを知らせた。Ｉさんは，安心した様子で舞台に上がり，「ぼくは猿だ！　お猿でござる！」とことばは不明瞭ながらも，自分なりに考えた猿のポーズをとっていた。他の友だちもその姿を見て，Ｉさんのポーズを真似たり，「猿はさ，両手をついて歩くからＩさんいいね！」という声も聞こえてきた。友だちに認められＩさんも嬉しそうであった。

　それから，Ｉさんは，何度か舞台に上がることがあったが，保育士が援助するよりも友だちの手を借りたほうがＩさんが特別に目立つことがなくていいと考えた。それに，友だちとの関わりの中でお互いに育ってほしいと考え，ＫさんにＩさんが他の場面で出るときには，段差で手を握ってほしいと伝えた。ＫさんはＩさんが一番親しみを覚えている友だちである。一度，Ｋさんに知らせると出番のたびに気にして補助してくれた。ＩさんもＫさんが手を握ってくれて嬉しそうであった。

　このように，劇遊びの練習の中でＩさんは，「明日も桃太郎の劇やる！」「先生，桃から桃太郎がいっぱい出てくるのはおかしいよ！」（この劇の設定では，桃から桃太郎が４人出てくる）など自分の思ったことを伝えるようになった。劇遊びの練習を通して，友だち同士の関わりも深まり，Ｉさんも時折冗談を言いながら，友だちと楽しそうにしている姿を見た。その表情は明るく，意欲的に友だちとの関わりを楽しむ姿に変わっていった。

　行事を通して，友だちと一緒に達成感を味わった経験は，それからの普段の遊びの中にも表れていた。戸外遊びでも，友だちがドッジボールやケイドロなどの集団遊びをしていると，「先生，ぼくも，やりたい」と伝えてくるようになった。「友だちに，やりたいって言ってごらん」と促し，遊びに入っていく様子を見守った。

　しかし，Ｉさんは，ボールが取れなかったり，鬼にすぐ捕まってしまい，泣きそうになる場面もあった。そんなときにＩさんと対話していくようにした。悔しい思いがあるだろうと思ったが，話を聞くと意外と前向きである。「ぼく，ボールに当たらないように逃げられる」と得意そうにしたり，ケイドロでは捕まった人がいる牢屋の見張り役を楽しんでいた。跳んだり，走ったりできないＩさんであるが，Ｉさんなりに，自分が楽しめる場所を見つけ友だちの中で遊んでいた。とにかく，友だちと一緒に遊ぶことが嬉しく，楽しいのであっ

エピソード5
好きなことに目を向け，友だちとの関わりを広げる
―肢体不自由児のIさんを受け入れて―

た。それでも，時には，ボールを投げられるように保育士が友だちとの間を仲立ちをしたり，Iさんが本当に遊びを楽しんでいるか，Iさんの内面を理解しながら充実した生活ができるようにした。

④ 安心できる居場所がある，先生がいる，仲間がいる

　以上のようにIさんが自己発揮できるようになったのは，クラスでの居場所があり，安心できる保育士や友だちとの関係ができたからである。保育士がIさんのつぶやきから保育を見直し，苦手なことは保育を工夫し，逆にIさんの好きなこと，得意なことに目を向けたからである。Iさんのことばにならない気持ちを汲み，対話を重ね，意欲を支えることができたからだと考える。

（水野恭子）

エピソード5 解説
連携を保育の柱に位置づけて

1 肢体不自由児の保育所での受け入れ

　保育所や幼稚園での統合保育は，発達障害の子ども，知的障害の子どもを対象とするのが一般的である。しかしながら，このケースに見られるように肢体不自由，聴覚障害の子どもなどを受け入れて，健常児とともに育っていく保育も見かける場合がある。

　就学前の障害児に対しては，早期から療育することが重要視されている。近年では，多くの地域，自治体において早期発見と，これに続く早期療育を有機的に関連させるシステムの構築は，整備されつつある。

　発見から療育への移行をスムーズに行えるように，保健所（保健センター）から，実際に療育指導を行う児童発達支援センター（通園施設）などと，それに関連する保育所との「連携」を目指す取り組みもこの1つになる。ここには，個別指導はもとより，「これからは集団の中でさらに育っていく」という保育者の指導上の見通しがある。

2 ティームティーチング，加配の中で

　統合保育を推進するために，子ども一人ひとりのニーズを重んじた支援にしていくには，加配制度が不可欠である。わが国では1974年に「障害児保育事業実施要綱」が厚生省（現厚生労働省）から出され制度化した経緯があるが，現状では自治体によって，加配の基準がまちまちであるのが実情である。

　このケースのように，担任保育者は全体指導を，加配保育者は個別指導を行うといったティームティーチングの指導法となる。この場合，互いの指導について，意見交換を密にしていき，より客観的に，多面的に子どもを理解し，支

援方法を考えていくことにその効果があると言われる。まさしく「連携」が日々の保育場面で発揮されることになる。このケースでは、子どものつぶやきが加配保育者に投げかけられていたことから保育の見直しがなされた点に、保育者の柔軟性のある保育観と質の高い保育を感じさせる。

③ 行事を飛躍台に、自己発揮の場に

　障害児にとって行事は、先の見通しがないと不安になる、環境の変化に弱い、緊張感に耐えられないといった理由から、マイナスイメージ、つらい思いばかりが蓄積しやすい活動と思われることがある。

　しかし、このケースからは「障害に合わせた環境面の設定」といった保育場面でのきめ細かい配慮がなしうることを学べる。「最短距離で移動できるように」とか「両手をついて這い這いのポーズで上がればいい」という点に保育者のセンスと巧みさを感じることができよう。それゆえに、発想を転換し行事では日常の生活では気がつかない特技やよさを発揮できる、日頃の保育所や幼稚園では実現できない興味や活動を味わうことができるという利点も秘めているととらえることが可能である。まさしく飛躍台とさせることになろう。

　行事は園全体で行うことから職員全体の「連携」が求められる。今、多くの園ではどのクラスにも「気になる子」がいると言っても過言ではなかろう。だから、担当保育者同士が行事をいかにして実施するかといった共通の大変さを伴う一方で、園全体のまとまりや保育観の高まりにつながる点を備えている。

　特別なニーズがあり、参加が難しい子どもの障害の特性、興味や能力を考慮して行事をつくることにより、どの子どもも取り組みやすい行事になるというメリットがある。障害児との行事では、これまであたりまえと考えていた常識を見直すチャンスにもなりそうである。また、行事は周りの子どもたちや保護者にも、その子どもの障害を理解してもらい、ともに生活することとはどういうことかを伝える場にもなりうる。単に「できる、できない」というとらえ方ではなく、子どもにとって「自分が楽しめる」「自己発揮できる」場こそ、子どもが主人公になることができることを再確認したいものである。

（小川英彦）

エピソード6
子どもたちが十分に楽しめる空間・時間・仲間

　Lさん（幼稚園年少クラス・自閉症男児）とMさん（幼稚園年少クラス・自閉症傾向の発達障害男児）はクラスは違っても，同じ園バスで登園していたので，面識はありました。Lさんは友だちと遊びたいと思うよりも自分の世界を堪能しているタイプで，人気のない園庭の隅っこで落ち葉を拾ってひらひらさせたり，蟻をじっと見ていたりして遊んでいました。MさんはLさんとは少し違い，保育者と1対1でじっくりこれをして遊ぶ，と自分で決めたことをするというタイプで，少しでもそれができなくなると泣いて怒ったり，パニックに陥ったりしていました。でも，LさんもMさんも，自分から友だちの輪に入っていこうとはしていないという点では同じでした。

① 2人の入園当初の様子から，友だちと関わる時期はいつ？

　Lさんは2歳で自閉症の診断を受けており，入園当初はとても多動で3分も部屋にいることができず，絶えず走り回っていた。動きを制止することは，彼にとって逆効果で，誰でも構わずに叩いたり，髪の毛を引っ張ったりと，泣いて怒りパニックを起こしていた。多動になる原因は，園内の環境が空間的に広すぎること，目に入る刺激や情報が多すぎて，落ち着けない状況であり，人混みなど人が多いところは好まないということであった。私はLさんの様子を見て，ことばがあまり出ておらず，排泄も自立していないため，この1年でまず基本的な生活習慣が身につくことを目標とし，友だちとの関わりはそれから様

エピソード6
子どもたちが十分に楽しめる空間・時間・仲間

子を見ながらゆっくり考えていこうと思っていた。
　Mさんは入園当初，母親と離れることが受け入れられず，1日の流れがわかっていないことや，急に予定が変更されることにも順応できず不安になって泣けてくるので，1日の半分を担任保育者に抱っこされながら過ごしていた。「○○したらお母さん来る？」「○○しなかったら，どうなる？」と予定の確認のことばが多く出ていた。その日の気分や体調によっても1日の様子は大きく違い，少しずつ園生活に慣れていけるように対応していった。予定の変更や行事などの場合は，前もって内容や時間を知らせて声をかけていき，なるべく見通しをもてるように保育者から母親にも予定を伝え，家でも前日や，行事によっては1週間ほど前から，こんなことをするという内容をMさんに知らせて安心してもらうようにしていた。
　入園当初はこんな様子だった2人だが，秋の運動会を終えると少しずつ環境に慣れ，保育者との信頼関係もでき始め，それぞれ自分でできることが増えてきて安心していられる場となってきた。

② 大きな砂山の車ごっこの場面で……

　年度末の3月には，友だちの顔と名前を完璧に覚え，少しずつ周りに友だちがいても気にならなくなってきたLさん。秋の落ち葉遊びから，だんだんと砂場へと遊びが向かってきた。通園バス以外ではあまり関わりのないLさんとMさんであったが，登園後の朝の戸外自由遊びではなぜか惹かれ合い，だんだんと互いに近くの場所で遊ぶようになってきていた。Lさんは友だちがいるところは好まなかったが，たまたまその日は砂場でわりと友だちが多い中でも，砂場の隅で目玉焼き型のおもちゃに砂を入れて遊んでいた。私はLさんが砂場にいることを知り，近くで大きな山をつくろうと，大きなスコップで砂を積んでいった。そこへ車好きなMさんが車のおもちゃをもってきて，「ブーン」と言いながら私のつくり始めた山に車を走らせて途中で車を山の中腹に刺した。私は山をつくり続け，わざと車にも砂をかけた。Mさんが「あー車がーやられるー」と少し喜んでいる口調で言う。私も少し大げさに「あー！　M！　車，助けてー！」と言いながらまだ車に砂をかける。全部埋まったのを見届けてM

Ⅳ章 子どもの遊びを広げる・深める

さんが「あれ？　車は？　あれ？　車は？」と言う。私が手を止めて「あー車がー」と埋まったあたりを指さしながら言うと，Mさんが砂をかき分けて車を救い出した。私が「あー助かったー」と言うと，Mさんはにやりと笑って喜んでいた。この車を刺す→砂をかける→車を助ける，といったやりとりを3回繰り返し，少し大げさにMさんに声をかけるととても喜んでいる様子だった。近くにいたLさんは，私とMさんのやりとりに気づき，手を止めてその場から見ていた。

　そして4回目には大げさに「あー！　車助けてー！」と私が言うと，Lさんもどうした？　といった顔で山をのぞき込みにMさんの近くに寄ってきた。埋まっていく車を2人でじっと見ながら車の姿が隠れると，「あれ？　車は？　あれ？　車は？」とMさんが探すふりをした。Lさんも真似て，「あれ？　車は？」と言った。とても楽しそうな2人に気づき，砂場に近寄ってきた年中の男児が，「何やってるの？」と尋ねてきた。他にもさりげなく一緒に山を大きくしようと砂を盛ってくれる近くにいた女児や，「あっ車ここだよ！」と教えてくれる子が出てきた。

③　続く遊びと，仲間の広がり

　次の日から，大きなお山ごっこが始まった。Lさんが朝の支度を済ませてまず向かったのは砂場だった。近くにあるおもちゃ箱からスコップと車を取り出し，砂場に車を捨てたかと思うとその車にスコップで砂をかけ始めた。半分埋まったところで，「M！　車，助けてー！」と言ってMさんを呼んでいた。Mさんはまだ朝の支度が終わらず部屋にいたが，Lさんのその声を聞いた近くにいた子も砂場で遊び始めた。私はLさんが初めて自分からMさんを遊びに誘ったこと，そして昨日のことを再現するほどそれが楽しかったんだということに驚いた。

　少ししてからMさんが朝の身支度を終えて外に来ると真っ先に「○○先生，お山つくろ！」と私を見つけて駆け寄ってきた。また私は昨日同様に大きな山づくりを始め，Mさんは「これはばぁばのヴィッツ，これはラパン，これはパッソ……」と車の台数を増やしていったり，時には全部車が砂に隠れてそ

エピソード6
子どもたちが十分に楽しめる空間・時間・仲間

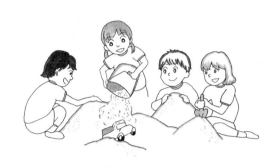

のままにしておいたり、ほんの少しタイヤの部分が見えるように突っ込み方を変えたりして自分の中で変化を楽しんでいた。自然にやりとりの中にLさんも加わり、一緒にその中で遊ぶことができていった。特に、「あー！ M！車助けてー！」と私が繰り返し言うのを真似したり、車が埋まったのを見てから、私がそのお決まりのことばを言うだろうと私の顔を覗き込み、そのことばを聞くと笑って喜んでいた。私は意図的に短い同じことばを繰り返し使った。

　砂場が少し盛り上がってきていると、Lさんと同じクラスの女児2人が来て、LさんとMさんの遊びを見ていて、「あー車埋まっちゃったね」「あー大変、助けなきゃー」と言って車を探し始めていた。他には「あーお山も崩れちゃうから、トントンしよう！」と言って、砂をかける子、山を固める子など、それぞれの役割ができていった。この遊びは2週間くらい、朝子どもたちが登園してから自由遊びの時間中続き、Mさんが朝の支度が終わるとスコップを片手に私を迎えに来るようになっていた。最後には私がいなくてもLさんとMさんと他の子が参加して規模が大きくなっていった。遊んでいくうちにこの遊びから宝探しや占いごっこが派生したり、山を大きくしてトンネルや山道を走る車の道が長くできたり、車を直す病院ができたりする遊びへと展開していった。砂場という小さい空間の中でじっくりと遊ぶ時間が保障されており、砂山で車を助けるという共通の目的の遊びから一緒に遊ぶ仲間も増え、遊びの内容が発展していった。

（北野明子）

エピソード6 解説
発達の土壌づくり

1 発達への貧困な状態

　障害児の場合は，障害があることから，諸能力の発達上の遅れや歪みが生じることになる。また，身体的機能に制限を受けることもある。しかも，発達上のかなり重要な時期に相当する幼児期において，限られた空間，時間，仲間といった遊びの状況が，発達への貧困な状態に置かれることすらありうる。

　そのため，本来もっと身につくはずの諸能力が低いレベルにとどまって，結果的に障害が重度化していく場合がある。こうした事態にならないためにも，園の活動の中心に，遊びを意図的に，積極的に取り入れて発達を保障していくことが求められる。

2 遊びの意義

　障害があろうとなかろうと，基本的には遊びの意義は共通している。遊びとは，運動・感覚器官を通して外界に能動的に働きかける行為である。この活動の主な特徴としては，自由で自発的な活動であること，それ自体が魅力的で楽しいと思う活動であることがあげられよう。

　子どもたちは，この遊びを通して，外界に対する興味や関心を膨らませ，手指，全身，諸感覚を駆使していろいろな対象に働きかけていく。さらに，道具を使って対象に働きかけることもある。

　このような活動を通しながら，手指や身体全体の機能を高めて，ものごとの認識を深めて，他の子どもたちや担当保育者との関係をつくりながら人間関係を広げていく。

　以上，遊びという活動は，子どもたちが諸能力を獲得していく役割をもって

いる。まさしく，自己を身体的，精神的，社会的に最大限に実現していくことが可能である遊びを出発点にして，核にして，発達を保障していくことが重要となる。

ここでは，いろいろな遊びの中から砂場での遊びに注目してみる。

③ 砂場ほど子どもの発達を促してくれる遊び場はない

このケースは，空間と仲間と時間から砂場の役割を考えている。

第一に，戸外での解放感という有効性がある。この空間では，障害児は感覚機能を豊かにしながら外の世界に触れることができる。砂は子どもの皮膚感覚を刺激してくれる。幼児期にかけて砂を変化させながら遊ぶことにより，手指や腕を使って，スコップやシャベルなどの道具も使って身体感覚をコントロールできる能力が育っている。まさしく，子どもの発達を保障する空間である。

第二に，砂は自由につくったり壊したりすることができる自然素材である。このケースに見られるように，一緒に大きな山をつくったりしてダイナミックに遊ぶ経験ができ，他児の存在の大切さを実感させてくれる。まさしく，砂場は子どもをつなぐ空間である。

第三に，毎日繰り返されている砂場にいる時間は，貴重な遊び時間の保障であると認識する必要がある。

砂場は，幼児教育の中で重要な保育環境の1つとして位置づけられており，そこでの遊びにはさまざまな保育内容が包括されていると言えよう。

砂場での子どもの育ちをとらえる視点として，安心感や充実感，イメージ，人間関係，ことばの発達がある。また，砂場の環境を構成する視点として，砂，水，道具があると指摘できよう。

砂場で行われる遊びではあるが，それは同時に子どもの頭の中で想像され展開していくものである。あるいは，頭の中でつくり出されたイメージが，砂場の上に具体的な形となって表れているとも言えるであろう。表象機能と言われるこのような力は，事物の特徴をより確かなものとして認識する力にもつながり，知的障害児の発達にはかなりの有効性を期待できる。このようなきわめて創造的な活動が期待できるのは，砂が優れた素材だからであり，やわらかで，

扱いやすく，いろいろな形になり，もしも失敗してもすぐにつくり直しができるといった可塑性に富む点があるからである。障害児保育内容の展開における砂場のもつ意味について，このケースから再検討したいものである。

（小川英彦）

Ⅴ章

みんなで，楽しく，学ぶための集団づくり

エピソード7
友だちがいるから授業に参加する
―友だちに認めてもらいたい子どもたち―

　私が出会った特別支援学級の子どもの多くは落ち着きがなく，集中できず，集団の中で生活することが難しい子どもたちでした。しかし，どの子も友だちという存在を意識していました。特別支援学級の中には広汎性発達障害やADHDの子どもたちが落ち着いて学習できるようにとパーテーションで区切った教室で完全な個別の授業を行っているところもありますが，子どもは友だちと学習し，友だちに認められてそこで初めて授業に参加していると実感しているのではないでしょうか。友だちがいるからこそ授業に参加できた2人の児童を紹介します。

① じっとしていられないNさん

　私が特別支援学級の支援員をしていたときに出会ったのがNさんである。広汎性発達障害をもつNさんはじっとしていることが一番の苦痛だった。入学したばかりのころは教室の椅子に座っていることは10秒もできず，すぐに教室を抜け出して廊下を走り回っていた。落ち着いて授業を受けさせようとすると，周りの人に噛みついて必死に抵抗する様子が見られた。やりたくないことはやらず，無理やりやらせようとするとパニック（噛みつく，つねる，大声で泣く，ものを投げる）になることが多かった。

　また，朝会などの大勢が集まる場所には入ることができず，入学式も半分以上の時間を会場の外にいた。そんなNさんも，算数の授業には興味を示していた。特に指導者の手づくり教科書はとても気に入っていた。算数で取り組んで

いた「くるるん」（タイルの擬人化）を用いた学習では，自分が使っていた黄色いタイルに顔を描き，全部「くるるん」に変身させるほど好きであった。しかし，授業が始まり音読が終わると，すくっと立ち上がり廊下に出て行ってしまうことがしばしばあった。そしてしばらくすると戻ってくるということを繰り返していた。

口のあいた「くるるん」を用いて1対1対応の学習をしている

② Nさんが授業に戻ってくる理由は……

　Nさんは廊下を走り回っていても，授業の様子は気にしていた。指導者は授業をいつも同じ流れにしていた。はじめに教科書を音読し，教科書の物語と同じ流れを全体で行い確認する。その後，一人ひとりが課題に取り組み，前に出て発表していく流れで行っていた。Nさんは自分が前に出て操作活動をやりたいと思っていた。廊下に飛び出していっても自分が前に出てやりたいという思いが強いので，ときどき様子をうかがっていたのである。

　Nさんが離席している間にNさんの順番をとばすと烈火のごとく怒り，泣いていた。しかし，課題を前に出てやりたいだけではないのかもしれないとも思われた。Nさんが自分の発表が終わった後に，「次の問題も自分がやる！」とわがままを言い出したことがあった。指導者が「1人で向こうの空いている教室でやったらいいよ」と伝えると「嫌だ～」と泣き叫んでいた。Nさんは課題をとてもやりたがっていたが，1人でやっても楽しくないとわかっていたのである。友だちと一緒にやりたい，やっている自分を見てほしいと思っていたのではなかろうか。

③ 無気力な様子で周りと関わりをもとうとしないOさん

　次に，私が教師になって1年目に受けもったOさんのことである。Oさんは広汎性発達障害と診断が出ている。その年，学級に1人だけ入学した1年生であり，上級生がめんどうを見ようと話しかけたり，遊びに誘ってみたりしていたが，まったく無反応であった。何に対しても無気力で，授業では机につっぷしていた。休み時間もどこにも行かず誰とも遊ばず，絵本を読んだり床に寝転がったりしていることが多かった。ことばかけにもあまり反応せず，無理やり嫌なことをやらされそうになると離席し，後ろの大きめのロッカーの中に入りじっとしていた。音楽や図工のように大人数で取り組む授業はもっと苦手で，参加することができず教室の後ろのほうで座り込んでいた。担任としては，なんとか授業に参加できるようになってもらいたく，さまざまな教材を用意した。Oさんができることを増やしていけば，だんだんと授業に参加できるのではないかと考えた。全体で授業をすることが苦手であるということから考えてOさんが取り組みやすい個別の学習プログラム（ひらがなや計算のプリント）を用意したが，Oさんは担任が用意したプリントや教具を机から落としたり，相変わらず机につっぷしたりしていた。

④ Oさんが何を不安に思っているかを考える

　Oさんが授業に参加できない，やる気が出ない理由は何か。私はそれを明らかにしたいと考えていた。1学期もそろそろ終わろうとしているとき，学級で育てていたジャガイモの成長記録を書く授業を行った。種イモを植える授業は楽しそうに行っていたので，Oさんものってくるだろうと踏んでいた。

　しかし，今までとは違う初めての反応をOさんが示した。これから外に出るというときに教室の本棚の本を全部放り投げたのである。今まではやりたくないことがあると，ロッカーに入ってこもっていたOさんが自分の感情を表に出すことができた出来事であった。担任としては内心嬉しく，同時にどうして感情を爆発させたのかを知りたいと思った。しかし素直に答えてくれるOさんで

エピソード7
友だちがいるから授業に参加する
―友だちに認めてもらいたい子どもたち―

はないので，推測したことを一言尋ねるだけにとどめた。
「観察記録をみんなに見られるのが嫌だったの？」
するとOさんはうなずいた。彼は「自信がない」「できない自分を見せたくない」そういった不安から自ら他者との間に壁をつくっていたのである。そしてさらに，自分が上手にできているかどうかを判断するのは，他者，特に友だち（同じ空間にいる子ども）であり，他者にすごいと思われたいという気持ちが強いということがわかった。この出来事以来，自分の気持ちを爆発させることが多くなったOさん。今までのようにじっとしているだけでなく，いろいろな場面で気持ちを表に出すことが多くなった。暴言や落ち着きなく教室を走り回ることも多くなった。どこまで友だちや教師が自分のことを受け入れてくれるのかを試しているように感じた。2年生の友だちと取っ組み合いのケンカをするようにもなってきた。しかし授業のほうは以前とあまり変わらず，気が乗らないといった様子だった。Oさんが1年生ということもあり，自信が出るまで，個別の課題に取り組ませていた。

⑤ 上級生と同じ課題でもできる自分を見てほしい

あるとき，国語の授業でことばの学習をした。場所を表すことばや時を表すことばをできるだけたくさん書き出そうという学習だった。それぞれに短冊を渡して，思いついたら書いて黒板に貼らせていった。Oさんはしばらく周りの友だちが書いている様子をよく見ていた。私はタイミングを見てOさんに「何枚書いてもいいよ」と短冊を渡した。Oさんは，家庭の養育環境から絵本を読んだりテレビを見ている時間が長いため，語彙力には自信があるようであった。Oさんは黙々と短冊にことばを書き続けて，それを次々に黒板に貼っていった。そして全員が書けるだけ書き，発表する時間となった。短冊を書いた人がそのことばを読むことにした。するとOさんが書いた短冊がたくさんあり，「すごい！　またOさんの書いたカードだ～」とOさんがことばを読むたびに，友だちが口々に言う様子が見られた。Oさんも「めんどくさい」と言いながらたくさん発表できたことに満足そうだった。この出来事を皮切りに，少しずつではあるが授業に参加できるようになっていった。Oさんだけ別の課

題を用意すると，やる気は出ないが，クラス全体で同じ課題に取り組む授業では，発言もできるようになっていった。Oさんがクラスのみんなに認められていると感じており，さらにもっと認めてほしいと思っていることをふまえ，Oさんが活躍できる授業を設定していくことでOさんは授業に楽しく参加できるようになっていった。

⑥ 授業が活躍の場になれば，児童は楽しく参加できる

　以上のように2人の児童は障害の特性も普段の様子も異なってはいたが，共通して友だちの存在が彼らの学びを支えていたのだとわかった。授業に参加できない児童がいると，集中できるようにいろいろな刺激をなくし，その児童の特性や発達段階から個別の課題をつくってしまうことがある。しかし授業の中に友だちに認められていると感じられるような活躍の場面をつくるだけで，児童のやる気をアップさせることができるとあらためて感じさせられた。

　もちろん児童が興味をもてるものやできるかもしれないと思えるものを授業に取り入れることも大切だと思われる。児童の実態によっては前に出て発表することが苦手な児童もいるが，その場合にはそれなりに活躍できていると児童が思える場面を教師が意図的につくる必要があると思う。活躍する様子を他の児童が見て，「○○さん，すごいね」と言われたり思われたりすることで児童が「楽しくできた」と達成感をもてる授業になるのではなかろうか。

（岡本綾子）

エピソード7　解説
自己の「存在」を確かめることの大切さ

1 「承認欲求」を超えて

　失敗経験が多く，自分に自信がもてず，自己肯定感が低い子どもは特別支援学級に多くいる。これは，比較的，認識能力の高い子どもほど，通常の学級に在籍していたときに自分と他人との差異を強く意識してしまい，相対的に（あるいは比較の中で）自己の存在を低く認識してしまうことが多いからだと考える。

　特別支援教育ではこうした子どもたちに対して，自己肯定感を高める関わりを大切にしようと実践してきた。私もそうした取り組み自体を否定するつもりはないが，それでは授業や学校生活に自信をもって取り組めるようになるための実践とはどのようなものであろうか。

　たとえば，自立活動の時間に「人間関係の形成」や「心理的な安定」を目的として，誰もが楽しめるゲームをしながら，人と関わることの楽しさやそのためのスキルを指導するといった取り組みはいろいろなところで見られる。心理学的には，「安全・安心を感じる」ことや「承認欲求」を満たすことが大切であると表現されるであろうか。エピソード7で紹介された2人の児童への実践も，基本的にこうした枠組みで説明しようと思えばできるケースであると考える。

　しかし，エピソードを読んでいると，そうした心理学的な説明が不要なほど自明のことが強調されているように思えた。Nさんで言えば「1人でやっても楽しくない」……だから，「友だちと一緒にやりたい，やっている自分を見てほしい」と思っていたのではないかということ。Oさんで言えば，「他者にすごいと思われたい」……けど，「自信がない」から「机につっぷして」，授業に参加しないのではないかということ。これらは，特別支援学級に通う特別な

Ⅴ章 みんなで, 楽しく, 学ぶための集団づくり

ニーズのある子どもたちに特有な心理状況なのではなく, 学習者であれば誰もが有している「普通の姿」であると考える。

② 「授業」が「それまでの自分」を書き換えていく

　自分に自信がもてずに, 学校に居場所を感じることができなくなり, 暴れたり, 机につっぷしたりしている子どもに対して, 教師が遊びを通して関わることで少しずつ「学校にいる大人」に対するイメージを変化させ, 次第に学習にも参加するようになるということは, 特別支援教育ではよくあることである。こうした取り組みの1つに「自立活動」があるのであれば, 子どもにとっては自立活動も意味のある時間となるであろう。

　しかし, それは教師が心理学の専門用語を使いまわして説明しなければできない取り組みなのではなく,「ただ, 友だちと楽しく学びたい」という気持ちに応えるものであるにすぎない。障害のある, なしにかかわらず, 授業というものは,「それまでの自分」を書き換え, 新しくしていく舞台であると考えれば, これは至極, 普通の教育実践である。

　こうした人として不可欠な学びをあえて専門用語を使って表現するならば, それは「存在を確かめられる授業（居場所のある空間・時間）」ということになるであろう。

③ 「存在」を確かめられる授業づくりとは？

　「存在」という言い方はとても抽象的（哲学的）で, 逆に理解が難しくなるかもしれないが, あえてこのことばを用いたのは, このことばがエピソード7の事例を的確に表現しているからである。

　それでは,「存在」とはどのような意味をもつことばなのであろうか。「存在」とは「時間」であると説明する研究者がいる。これは,「自分ががんばったこと」が「人に受け入れられた」というエピソードの中にも「時間」が関係していると考えれば理解できるであろう。教育実践においては, こうした点を考慮することなく, ピンポイントで「人に受け入れられる」体験が大切だとし

エピソード7 解説
自己の「存在」を確かめることの大切さ

て「褒める」ことだけを行っても，真の意味で「存在」は感じられないのである。

　また，「時間」とは「変化」であると説明する研究者がいる。これは，「自分ががんばったこと」が「人に受け入れられる」ことそのものが大切なのではなく，「人に受け入れられる」ことによって自己の内面がどのように変化したのかが重要なのであるということを意味している。その証拠に「人に受け入れられる」経験をしても，「どうせ自分を利用するためにいいことを言っているだけだろう」と内面で思ってしまったら，本人の内面は変化しないであろう。

　以上の点をふまえると，子どもが授業に主体的に参加し，学ぶ姿を表面化させることが重要なのではなく，その時間の中で何が変化しているのかを見つめることが大切なのではないか。そして，そうした点を大切にした教育実践では，「承認欲求」や「自己肯定感」などといった心理学の専門用語ではなく，「友だちとやりたい」とか「活躍したい」といった「子ども一般」に適用できる普通のことばで実践が語られるのだということを，私たちはエピソード7から学ぶことができる。

（新井英靖）

エピソード 8
友だちとの「いざこざ」が感情を育てる

「どうしてこんなところ（特別支援学級）にいなきゃならないんだ」「楽しくないこと（授業）はやりたくない」「どうせ，自分はダメなんだ」など，自己肯定感が低く，不安や苛立ちをうまく伝えられない，さまざまな困難を抱えた障害の幅も広い9名の集団。そんな彼らのクラスは，毎日ケンカや「いざこざ」が絶えず，まとまりのないものでした。「この子たちに何が足りない？　何を育てたい？」と思い悩む日々が続きました。

１　いざこざが絶えないクラス

　入学当初からいる児童4名，3年生からの転入が2名，4年生からの転入が2名，5年生からの転入が1名，計9名。この児童たちの4年生，5年生の2年間，私が担任であった。

　通常学級からの転入生の多くは，自己否定が強く，自己肯定感の低い児童が目立った。またクラスでは，友だちのことにはほとんど興味がない児童，自分本意で他人のことはどうでもいい児童もいる中，とにかく日常的にもめごとが起こり，些細なことで怒り，問題が起こると，自分を守るべき言い訳ばかりしているような児童たちであった。さらに「〇〇くんには，わからないだろう。できないだろう」と同学年の仲間を（無意識ではあるものの）下に見る，そんな目線でとらえる児童もいる状況だった。

　日々の「いざこざ」は，たわいのない「一言」から，勝手な解釈や誤解が生じたり，自分の思いをきちんと伝えられないことから起こり，たいていは暴言

を吐いて教室から出て行ったり，ただ泣き寝入りするだけだったり，というパターンであったので，当然授業もまともに落ち着いて受けられるはずがなかった。

そんな児童の姿を見ながら，「この子どもたちとどう向き合っていけばよいのか，どんな取り組みをしていけばよいのか」と葛藤する日々が続いた。

② 毎日が学級会？

「いざこざ」が起きると，やみくもにただ怒りをぶつけたり，泣き寝入りしたり，という児童たちに，困ったことが起きたときは，とにかくすぐに担任に言うようにと伝えていった。

最初からうまく説明しようとするのは難しいので，まず「助けてください」や「聞いてください」という一言を言おうと提案した。それからゆっくり紐解くように，一つひとつ事実確認をしながら，一緒に話を整理していった。その際には，児童が言ったことばをすべて書きとめていった。書いたものを見ながら児童も私も振り返りや再確認ができたし，メモをすることで問題が見えてきたりすることもあったので，これは大変有効であった。

はじめのうちは，「助けてください」や「聞いてください」の一言がなかなか言い出せず，様子を見ていてこちらから「何て言うの？」と声かけしていったが，積み重ねていくうちに，児童たちのほうから，最初の一言が伝えられるようになってきた。

「いざこざ」があるたびにしばらく個別に話を聞き，メモをとって対応していたのであるが，いつのころからか「みんなの問題」としてとらえ，クラスのみんなで問題を共有するようになり，小さな集団の学級会が始まった。

はじめに，事件を訴えてきた児童が話をし，次に関わった児童が話をしていく。たどたどしくても，とにかく自分の気持ちや感情を自分のことばで表現することを大事にした。たとえ時間がかかってもひたすら待った。そして，その「いざこざ」に関わっていない児童にも，「これ，どう思う？」「○○ちゃんだったら，どうする？」などと質問していった。もちろん，当初は話の趣旨を理解できない児童や，「私には関係ないよ」という反応の児童もいたが，この

すべてのやりとりを，黒板に書き出していった。

　この小さな学級会は，（毎日「いざこざ」が続くので）日常的に行うようになり，次第に「いざこざ」に関与していない児童たちも，「私は，○○と思う」「私だったら……」と自分の意見や思いを少しずつ発言するようになってきた。すると，怒って感情的に説明していた児童が，友だちのことばを聞いて「それもありかも……」と気づいたり，友だちのことばによって落ち着いたり，ほっとできたりする場面が見られるようになった。

　このころから私には，ギスギスとして，一人ひとりがバラバラだったクラスの雰囲気が，なんとなく1つの集団として見えてきた。時には予定の授業を変更して話し合いをすることもあった。これは，特別支援学級だからこそできた取り組みであったと思う。「いざこざ」を起こしたにもかかわらず，児童たちから積極的に（？）どこかはりきったように取り組むようになってきた。児童たちは，みんなが安心して，自分の思いを存分に出せる雰囲気と，自分の思いや気持ちを受け止めてくれる仲間がいるということに気づき始めたようであった。その時期をスタートとして，児童たちは，互いを受け入れて，互いを認め合い，生活面においても学習面においても，学級生活をみんなで一緒に楽しんでいくようになっていったように思う。

③ 児童主体のクラスづくり

　今まで述べてきたように，9人で話し合う活動を通して，この集団の中でなら安心して発言したり，活動したりできると，信頼で結ばれた安心感のある雰囲気と空間ができていった。それは，学級活動や学習への意欲喚起にもつながった。

　それでも頻繁に「いざこざ」は，起こっていた。でももう出会ったころの児童たちではなかった。温かい雰囲気の中で，話し合う雰囲気ができていた。だから「いざこざ」が起こっても，本音を言うことができるし，とことん話し合うこともできた。

　いつしか，「いざこざ」だけでなく，クラスのお楽しみ会の準備，調理実習のメニュー決めなど，いろいろな活動の計画を児童たちで立て，考え，それぞ

エピソード8
友だちとの「いざこざ」が感情を育てる

れの得意なことを生かした役割を担っていくようになっていった。

その話し合いでは，児童の中から司会者や書記などを自主的に務めるようになり，自分たちで話し合いを進められるようになり，私は一歩引いた立場で，見守り役となっていった。

また，児童たちはこの当時，集中力が切れてしまい，6時間目の授業に取り組めないという問題があった。この問題の解決のために，電車好きが多いことから，同僚が授業として「電車の学習」を行ってくれた。

もちろん，電車好きの児童にとっては楽しい授業であるが，全員が電車に興味があるわけではないので，「私，電車に興味ないし……」という顔をしている児童もいたことを今でも覚えている。しかし，そんな中でもいつも一緒に授業をしていくうちに，電車好きの児童の知識の多さに驚いたり，感心したり，いつしか「今日，○○系乗ったよ」といったように，児童たち同士の会話の幅も広がっていった。

「電車の学習」を通して，児童たちが主体となって取り組んだ校外学習での社会科見学（都電荒川線の電車区に行って働いている人たちにインタビューしたり，電車管理のシステムを説明してもらったりした）や研究授業での児童たちの生き生きとした発表（校内研究で併設校の通常学級の先生たちも授業を見に来てくれた。児童たちは一人ひとり自分の関心のあるテーマを決めて発表をした）は今でも忘れることのない私にとって貴重な体験となった。私が担任している間，常に心がけていたことは，「みんな大切な仲間」「どんなこともみんなで考える」ということであった。転級してきた当初「なんでこんなところにいなきゃならないんだ」と言っていた児童は，リーダー的存在になっていき，

特別支援学級に在籍していることにプライドをもつまでになった。また自然と彼を支える仲間ができていった。

　振り返ってみると，児童たちが主体となるクラスの中から，共感する気持ちが芽生え，それぞれの得意なことやできること，尊重する気持ちが育ってきたようにも思う。また，仲間から必要とされているという実感が自信にもつながっていった。5年生の後半には，楽しさを共有する，いわば「連帯感」ともいうべき雰囲気が生まれてきていた。

④ 卒業旅行での出来事

　私は児童たちが5年生の年度末に異動したので，6年生では一緒に活動できなかった。5年生のときから「みんなで卒業旅行に行くぞ！」ということを話し合っていた。計画を立て，卒業時に行く予定だったのだが，東日本大震災があり，延び延びになっていた。

　それが5年越しに実現できた。場所は彼らが6年生の移動教室で行ったことがある思い出の日光であった。東武浅草駅に集合して，特急スペーシアで日光に向かった。その道中は，一見自分勝手な行動をする友だちがいても，「わかっているよ。大丈夫だよ」という気持ちと雰囲気があふれていた。特に多くは語らなくても，わかり合っているという特別な感情と安心感，かけがえのない目には見えない「絆」があるのだなと感じた。そして，5年経っても互いを思いやる気持ちは変わっていなかった。「昔を知っている」という安心感が優しい雰囲気をつくっていたのだと思う。

　17歳となった児童たちは，その成長ぶりもさまざまであった。小学校のときから変わらない夢を追い続ける信念の強い子，進路に

エピソード8
友だちとの「いざこざ」が感情を育てる

　悩む子，友人関係，親子関係で悩む子など，それぞれが悩みや思いをもっていた。自ら不登校を告白した子が「学校へ行かない理由」を説明してくれた。それを聞いたとき，そんなにしっかりとした考えと理由があること，そして何よりそれをきちんと自分のことばで説明できる力に驚いた。それぞれがいろいろな思いを抱えながらも，がんばっている姿に私も勇気をもらった。また，そんな思いを素直に正直に自分のことばで表現したり，伝えてくれたことが嬉しかった。

　児童たちは，今でもガラスのような心をもち，生きづらいんだろうなと思うところも正直感じている。でも，「楽しい経験や思い出がこの子たちを支えているのかもしれない」と，小学校の時期の楽しい体験や経験がその後の人生を支えるためにも必要なのだとあらためて思った。

　児童たちと，納得いくまで話し合いをした。たくさん笑って，怒って，泣いて，たくさんじゃれ合った。そして，思い返してみると，彼らは，どんな勉強も目一杯楽しみに変えて学習する天才であった。あの当時のさまざまな「いざこざ」を集団で乗り越えていったときに，一人ひとりの感情も育っていったのである。

　友だちとコミュニケーションすることや関係づくりといった社会性に困難さをもつ児童たちにとって，友だちとともに活動する中で，葛藤し，それぞれの思いや気持ちを伝え合い，認め合う仲間がいること，互いに支え合えるかけがえのない仲間がいることは何物にも代えがたい。そうした集団づくりが，特別支援学級に課せられている大切な役目だと思う。これからも児童たちにとって特別支援学級が楽しく，生き生きとできる場所であってほしいと願っている。

（荒井久恵）

エピソード8　解説

「いざこざ」こそが集団の「安定」をもたらす

1 「いざこざ」は単なる混乱ではない

　毎日,「いざこざ」が生じるクラスを担任すると,「またか……」と思う教師の気持ちはよくわかる。「自分の指導がこれでよいのか……」「もっと厳しくしつけないといけないのではないか……」という不安にかられることもよくあるであろう。しかし,エピソード8の実践で示されているように,「いざこざ」は単なる子どもたちの混乱ではなく,集団形成の第一歩なのである。
　「いざこざ」とは「双方の意思がくいちがい,問題が起きること」(広辞苑)という意味である。この意味を集団形成という視点から解釈するならば,そもそも「集団」というものは多様な価値が混在しているものであり,同じ場に複数の人がともにいるときには「いざこざ」が生じることはむしろ自然なのだと考えるべきであろう。
　そのうえで,「いざこざ」について深掘りすると,「いざこざ」とは「ちょっとしたもめごと」の集積であると考えられる。つまり,ある人の譲れないことと別の人の譲れないことが,1つの場で共存することの難しい事態が頻繁に生じることが「いざこざ」であるが,これには,どちらが譲るのかを検討するのではなく,両者が折り合いながら「場」を変化させることが求められる。
　たとえば,「私が先に待つから,あとでやらせてね」というように時間的に折り合うこともあれば,「ここで私がやるから,あなたはそちらを使ってね」というように空間的に折り合うことも考えられる。あるいは,「○○さんに頼まれたら仕方ないか……」というような,人間関係をベースにした折り合いもあり,「いざこざ」の内容や譲れない気持ちの強さなど,そのとき,その状況において対応方法は変化するものである。

2 「落ち着いたクラス」というものは存在しない!?

　「いざこざ」を収拾するのは，誰かが指示して，それに従わせことでもできるが，「話し合う」ことによって感情的に許容できることを多くすることでもできる。そのため，「いざこざ」が頻繁に生じているクラスでは，「毎日が学級会（？）」となるのである。すなわち，「学級会」というものは，集団の中で思いの異なる人たちがともに過ごすためのルールを自分たちで形成する「自治会」のようなものである。そのため，自分の思いを表現できる場がそこにあるということが前提となるであろう。

　そもそも，そこに集う子どもたちがある程度の自己表現を認められていると感じている場でなければ「いざこざ」が生じることはない。近年の学校では少なくなったが，教師が専制君主のようにすべてを仕切っているクラスでは，一見するととても「落ち着いている」ように見えることがある。しかし，そうしたクラスでは息苦しさが充満し，協働的に学ぶ姿は影をひそめることが多い。むしろ，こうしたクラスは表面的に「落ち着いているように見える」だけで，子どもたちの内面では，やはり友だちや先生を意識して生活しているのだと考えられる。

　学級というものをこのようにとらえると，「落ち着いているクラス」というものは存在しない。「いざこざ」が表面化し，他者とのもめごとになっているのか，表に出せない内面で「自分の本当の気持ち」と違う自分を演じなければならない葛藤（自己内の「いざこざ」）の中で学校生活を送っているかの違いであると言える。

3 「安定」は「いざこざ」の間に生まれる

　このとき，自己内の「いざこざ」というものはとても厄介で，他者と交流することがないために，思考が独善的になりやすい。そのため，「譲れない私」がとても強固になってしまい，折り合うどころか，他者を寄せつけないふるまいを示すこともある。

V章
みんなで，楽しく，学ぶための集団づくり

　一方，「いざこざ」が生じているクラスのほうが，それぞれ譲れないところが表面化するので，折り合う余地を探すことが容易になる。もちろん，どうしても生理的に受け付けられない「本当に嫌なこと」であれば，折り合う余地はとても少なくなるかもしれないが，日常的に「いざこざ」を話し合いで解決しようとしてきた集団であれば，「○○さんの頼みなら……」という気持ちになりやすく，折り合う余地が生じやすい。

　つまり，どうしても譲れない本当に嫌なことで折り合う方法を学ぶのではなく，「ちょっとしたもめごと」を取り上げ，折り合う余地をもつことが結果的にはその集団を安定させるのだと考える。大人から見ればどちらでもよいような，子どもたちの「こだわり──譲れない領域」を日常的に出し合うことが集団づくり，学校づくりにつながるのである。このように考えると，「いざこざ」こそが集団の安定をもたらす重要なイベントであると考えることもできる。

〔新井英靖〕

エピソード9
協力・協働しながらスキルを高める

　Pさん（小学校の特別支援学級4年・男児）は幼少期から偏食がひどく，決まったメニューしか食べることができませんでした。給食はほとんど食べることができず，給食の時間はみんなとは別のほうを向いて時間が過ぎるのをただ待っているという状況でした。

① 給食の時間が苦痛の時間に……

　Pさんは自閉症スペクトラム障害という診断を受けている。偏食がひどく，食べられるものがかなり限定されていた。家では，白米には必ず特定のふりかけをかけたり，焼きそばも特定のメーカーのものでなければ食べられなかったり，おやつはこのお菓子と決まっていたりと，食べられるものの中でも特定のものでなければ受け付けない状況であった。

　4年生のときに転校してきたPさんを私が担任することとなり，保護者と相談のうえ，給食では食べられるものだけを食べることにした。4年生はPさんを含めて4人おり，担任と介助員の6人でクラスごとに給食を食べていた。給食の時間になると，食べられそうなものをPさんと相談しながら決めて盛りつけた。当時，完食する気持ちよさを味わってほしいと考え，お皿にちょこんと乗る程度の量だけを盛りつけていた。しかしそれでも食べられない日が多かった。給食はまったく口にせず，家から持ってきていた水筒のお茶のみを口にするという日さえあった。

　全部食べられたときにはオーバーに褒めたり，お皿に残っているときには

「ちょっと食べてみようよ」「もう少しで食べ終わるよ」など声をかけたりした。給食の時間を楽しく過ごしてほしい，完食する気持ちよさを味わってほしいという私の気持ちに反して，Ｐさんはだんだんと給食の時間の表情が険しくなっていった。食事中はみんなとは別のほうを向いて足組みし，「ぼくは食べたくない」という気持ちを身体全体で一生懸命に表現しているようだった。

② 友だちからの働きかけがきっかけとなって

　当学級では月に一度程度，調理実習を行っていた。給食をカットしてつくったものを昼食として食べるという，本格的な食事をつくるような調理実習である。あるとき，近くの農園で収穫をした小松菜を使って調理実習を行うことになった。小松菜はＰさんにとって苦手な食材である。何をつくるかはクラス４人で話し合って決めた。同級生の３人のうち，２人は自閉症スペクトラム障害，１人はＡＤＨＤである。３人の中には偏食がある子どももいるが，みんな食べることが大好きで，３人にとっては大好きな授業の１つであった。

　話はそれるが，自閉症スペクトラム障害の子どもは人と関わることが苦手であると一般的に言われている。しかし，これまでいろんな子どもと関わってきて，人に関心がない子どもはいないと感じている。友だちに対して関心や仲間意識をもっている子が多いように思う。

　別の学校で出会った児童の中に，転校してきてすぐで新しい環境に慣れず，いつも教室から出たがっている子どもがいた。そのクラスは３学年９人が合同で学習していた。その児童は授業中も休み時間も友だちとほとんど関わることがなく，１人で過ごすのを好んでいる感じがした。あるとき，自由画を描くことになった（当時，その子は絵を描くことが苦手で文字を書くことが多かった）。最初に自分が書き初め展で書いたことばを書き，その後，同級生３人が書き初め展で書いた文字を順番に自分のことばの横に書いたのである。ただ同じクラスにいる人という認識ではなく，同じ学年の仲間という感覚で同級生を見ていることがわかり，嬉しく感じたことを覚えている。

　Ｐさんの場合も同級生３人に対しては特に仲間意識があるようで，自分から関わりをもつのは，この３人に対してだけであった。

エピソード9
協力・協働しながらスキルを高める

　調理実習のメニューを決める際，4人全員の意見を1つに絞ることには毎回苦労していた。全員が納得するメニューにするというのがクラスのルールであった。Ｐさんは食べることに興味がないせいか，あまり話し合いに参加しない。自分で意見を言うことはほとんどなく，みんなが出す意見から1つを渋々選ぶという感じであった。他児はというと，自分の食べたいものを通したい子が多く，すんなりは決まらない。ただ，クラスのルールもあり，Ｐさんが食べられるものにしようという雰囲気はクラスにあった気がする。Ｐさんが食べられないものを提案した子どもは代案を考えたり，Ｐさんに直接「これ食べられる？」と聞いたり，「○○にしようよ」と説得をしてみたりする子どももいた。

　友だちが自分のことを考えてくれたり，話をしてくれたりする姿にＰさんは他人事のようにはしていられず，みんなからの質問に答え，話し合いに参加するようになってきた。話し合いの結果，小松菜を使ったメニューは，「焼きそば」になった。

③　自分たちでつくり，食べられた

　調理実習当日，4人での焼きそばづくりが始まった。Ｐさんは作業的なことは好きである。4人で机を向き合わせてピーラーで皮をむいたり，全員が順番に包丁で具材を切ったりした。フライパンで具や麺を炒めることも嫌がることなく皆と行っていた。

　小さい子どもの場合，料理のお手伝いをすると苦手なものでも食べられることがよくある。Ｐさんの場合もまさにそうで，みんなでつくった焼きそばは，たくさん食べることができた。中に入れた小松菜も皿に盛られた分はすべて食べることができたのである。保護者に小松菜を食べられたことを伝えると，家だと食べないのに，と驚いていた。

　自分と仲間でつくったという達成感や，一から自分たちでつくったことで，「どんな風につくったか」や「何が入っているか」がすべてわかっているという安心感が，Ｐさんの「食べたい」という気持ちにつながったのかもしれない。また，話し合いで焼きそばに決まるまでのＰさんに対する友だちの働きかけなど，調理実習までの過程も，Ｐさんを変えた要素かもしれない。

Ⅴ章
みんなで，楽しく，学ぶための集団づくり

食べている表情もこのときはいつもと違った。みんなのほうを向いて食事をとり，給食のときの険しい表情とは違い，柔らかな表情をしていた。食べることを少し楽しんでいるようにも見えた。

　この調理実習をきっかけに，給食で食べられる量が増えた，給食の時間が楽しく過ごせるようになったなどの劇的な変化があったわけではない。しかし，話し合いの中での友だちからの働きかけや，友だちと一緒に調理実習を行ったことで，その日は楽しく食べられたと考えられる。Pさんはその後，卒業までの３年間，毎月調理実習の授業に参加し，少しずつ食べられるものが増えていった。

④ 子ども同士の関わりを大切に

　このように児童同士がお互いに関わり合う中で，成長を感じるときがある。それは教師からのアプローチはなく，子ども同士，仲間同士であるからこそ伝わるものがあるのだと思う。教師は子どもの力を信じて，子どもに任せてみる場面も必要ではないか。クラスのみんながお互いに高め合えるような雰囲気を教師がつくっていくことが大切である。

（渡辺佳恵）

エピソード9 解説
偏食と「他人を受け入れること」の接点

1 摂食とは異物を口から飲み込むこと

　ある看護学校の先生から聞いた話である。生後間もない乳児は口の中に食べ物が入ったときに，それを異物と感知して吐き出すことが多い。このようにして人は自らの身を防衛する本能をもって生きているのであるが，生活する中で特定の人を「信頼に足る人」と認識し始めたころから，その人が与えたものであれば口を開け，食べてみようとするのだという。

　確かに，乳児にとっては「食べ物である」という認識は生まれつき備わっているものではないので，慣れない味のものが口の中に入ってきたら，吐き出してしまうというのも理解できる。そして，乳児にとっての「異物」が異物でなくなる過程に，人（主たる養育者）との関係の深さがあるのだと考えると，人と関係を築くことが苦手な自閉症児に偏食の子どもが多いことも説明がつく。

　エピソード9の事例でも，食べられそうなものをPさんと相談しながら決めるといった児童主体の関わりをしても，「給食はまったく口にせず，家から持ってきていた水筒のお茶のみを口にする」という状況であった。ところが，友だちと一緒に調理実習でつくったものは食べられた。これは単に楽しかったから食べられたという「気分」の問題ではなく，その背景には「このクラスで一緒に調理したものなら，口に入れ，飲み込んでもいい」と思えたことがあるからだと考える。

2 「協働」することは「つながり」を強めること

　協働学習として調理実習をするとなると，教師は「役割分担」をして，「みんなでつくった」ことを形に示したくなる。しかし，エピソード9を読んでい

ると，そうした形式的な「協働」が大切なのではなく，もっと根底にある「つながり」のほうが重要であると感じた。

たとえば，メニューを決めるときにも，「食べることに興味がないせいか，あまり話し合いに参加しない」Ｐさんに対しても，「Ｐさんが食べられるものにしようという雰囲気はクラスにあった」と教師は記述している。また，「どんな風につくったか」や「何が入っているか」がすべてわかっているとういう安心感により，家では絶対に食べない小松菜も口にすることができたのだと教師は感じていた。

Ｐさんの能力からすれば，「どんな風につくったか」や「何が入っているか」はイラストにして視覚化したり，つくり方を動作化するだけで十分に理解できるはずである。しかし，そうした認知的・行動的な理解では，異物を口に入れるといった行動を導く安心感にはならない。そうではなく，もっと心の底からつながる安心感のようなものがＰさんの摂食には必要だったのであり，それがエピソード９では「調理実習」という協働的な活動だったのだろうと考える。

③ 同じ「焼きそば」でも，違うイメージの「焼きそば」

それでは，どのような活動を展開すると異物と感じていたものが「大丈夫」と思える食べ物に変化するのであろうか。この点をエピソード９から読み解くと，「Ｐさんは作業的なことは好き」であり，「４人で机を向かい合わせてピーラーで皮をむいたり，全員が順番に包丁で具材を切ったりした」という点が目にとまる。

少しファンタジックな解釈をすれば，Ｐさんは大好きなピーラーでの皮むきをしたので，ニンジンにとても親しみを覚えたのではないだろうか。また，４人で順番に包丁で切ったものには，名前をつけてかわいがりたい人形と同じような思いになっていたのかもしれない。

だから，Ｐさんのことを知らない人が見れば，ただの「焼きそば」にしか見えないものでも，Ｐさんにとっては自分だけの愛らしい「焼きそば」なのである。大人からすれば，イラストで調理過程を視覚化して示して別の人がつくっ

エピソード9 解説
偏食と「他人を受け入れること」の接点

た「焼きそば」と物理的に同じものであっても，Ｐさんにとっては他の人がつくった「焼きそば」とは違うポジティブなイメージの食べ物に見えたのだと考える。

つまり，食べ物に対して好感がもてるようになったとき，人は食べることができるのである。これは，乳児が離乳食を食べるときにも同じことが生じているのではないか。そして，毎日の何気ない協働的な活動が他人を受け入れることにつながり，それが異物を口に入れ，飲み込むことにつながる。エピソード9から私たちが学ぶべきは，こうした社会的・情緒的「つながり」こそが苦手なものを克服するプロセスへと結びつくということである。　　　（新井英靖）

Ⅵ章

楽しい授業を展開する①
子どもの「感じる」「考える」を大切にする

エピソード10
自信を取り戻す通級児童の育ち
―通級児の自尊感情を育み，学びの意欲を引き出す―

　Qさん（公立小学校通常の学級在籍3年・男児，他校通級）は3年に進級した4月当初より「友だちがぼくに意地悪なことを言う」など，友だちからのことばを深刻に受け止めるようになり，「もうぼくは死にたいよ」と大泣きすることも見られるようになりました。そして6月にはこれまでの診断名「広汎性発達障害」に加わって，「強迫性障害，トゥレット症候群」の診断がなされ，自分を否定する日々が続きました。

1 年少，小1，小3と園や学校になじめない時期が……

　Qさんの生育歴を振り返ると，幼稚園年少時と小学校1年時にも不登園・不登校傾向が見られた。1年時は4月よりときどき別室（保健室や特別支援学級）で学習することがあった。学校にうまくなじめないということで5月より通級指導教室に通級するようになり，毎週1回60分の自立活動を小グループで実施した。そのころQさんがお母さんにつぶやいていたことは「先生に叱られる」ということばであった。実は1年の秋ごろにわかったことなのだが，Qさんは，通常学級の担任（以下，担任）から褒められていても叱られていると受け止めていたのである。そこで担任がQさんに話しかける際に「先生は今から褒めますよ」と前置きしてくださったことで安心して過ごせるようになった。顔の表情や声のトーン等から感情をうまくキャッチできなかったQさんは，「なぁんだ，褒めてくれていたのか。それならそうと言ってくれればよかったのに」とつぶやいたので，彼が理解しやすい言い方で伝えることの重要

エピソード10
自信を取り戻す通級児童の育ち
—通級児の自尊感情を育み，学びの意欲を引き出す—

性を私は感じた。その効果的な支援のおかげもあり冬以降はすべて，通常の学級で学習できるようになった。

2年時は担任が替わったが，落ち着いてクラスのみんなと学習に取り組み，楽しく過ごしていた。そして3年に進級。担任も級友も同じメンバーでスタート。しかし4月から急変。「友だちに嫌なことを言われる」と帰宅後泣く日が続いたのである。たとえばQさんを気遣う級友に，「ぼうっとせんと，ここ書いて」「今は書くとき違うよ」と声をかけられて，それにうまく返事ができず強く責められたと受け止めていたようである。チック症状も再び出現し，5月には「ぼくは頭がバカなんだ。こんな頭は取り替えたい。もうぼくは死にたいよ」と家で泣きじゃくることが増えてきた。

② 安心して過ごせる環境づくり

5月末に在籍校を訪問した。担任がクラスの子どもたちに「Qさんのことで気になることがあったら直接Qさんに言わずに先生に言いに来てね」と話してくれたり，Qさんのチック症状（音声と運動の両方）を，周りの子どもたちが受け入れたりしており，温かい学習環境が整っていた。そこで今後の指導方針として，Qさんの相談相手を増やすために（これまではQさんは母親にだけ訴えており，母親から担任に知らせる方法をとった）担任と通級担当が教師側から声をかけてQさんの悩みを共有していくことにし，通級指導日を週2回合計120分に増やして，安心して過ごせる環境づくりをしていくことにした。通級指導教室では，1年時より小集団学習を設定してきたが，3年でもQさんと同学年児童2名の合計3名による小集団学習を組み，自尊感情を高めるための学習内容（主として下記の3つの学習）を設定した。

〈学習1〉得意技，見て見てコーナー
〈学習2〉幸せノート「今日は何点？」
〈学習3〉みんなで楽しもう！

〈学習1〉の得意技コーナーは，自分の好きな活動に没頭したり，友だちに

Ⅵ章
楽しい授業を展開する①
子どもの「感じる」「考える」を大切にする

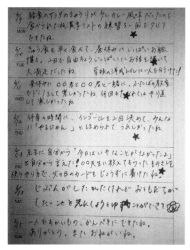

母親による幸せノート

自分の好きなことや得意とすることを披露したりする学習である。Qさんが友だちにペン回しや自作漫画，ペンギンダンス等を披露すると観客の子どもたちがQさんに「すごいなぁ」「やり方教えて」と称賛することが多く，Qさんも嬉しそうに友だちに教えるなど，好きな活動に集中することで気分転換できるようになった。

〈学習2〉の幸せノートとは，Qさんのがんばりを毎日母親が記録しているノートであり，通級担当がそのノートを読んでQさんのよさを称賛する学習を設定した。

担当が幸せノートのコメントを読むとQさんがその内容に対して自己評価し，自分で決めた得点シール（左写真の★がQさんが決めたシールで得点によって色分けしている）をノートに貼っていった。母親や通級担当といった他者から何度も褒められることで自信を感じたり，クラスや家庭での自分の存在感が高まったりして，「またがんばろう」という意欲につながり，Qさんにとってこの支援方法は自尊感情を高めるのに大変有効であった。

〈学習3〉では3名で，かるた，すごろく，的当て，UNO等のゲームをして楽しんだ。毎回どのゲームをするか，どんなルールにするか等，その都度3名で話し合い，自分の考えを友だちに伝えたり，友だちの意見を聞いて譲ったり，「あ，それいいね」とふわふわことばを返したりするといった話し合う際のコツを学んでいった。またQさんは「アドベンチャーゲーム」が気に入ったので，在籍クラスに道具を貸し出し，在籍学級の友だちと楽しむことを通して，友だちとの心地よいふれあいを感じるようになったようである。

③ いたずらモンスター（強迫観念）と闘うぞ！

6月初めQさんが私に言ったことば。「先生，ぼくいろんなものがなめたく

エピソード10
自信を取り戻す通級児童の育ち
―通級児の自尊感情を育み，学びの意欲を引き出す―

なるんです。それで悩んでいるんです」……Qさんが私に悩みを打ち明けてくれた。しかし，私はどう返事をしたらいいのであろう。なめてはいけないことはQさんもよく理解している。にもかかわらず，なめたくなってその気持ちを抑えられない……Qさんにどう対応すればよいか自問自答の

つめかみモンスターユーボ

日々が過ぎた。6月中旬，主治医から強迫性障害とトゥレット症候群の診断が出た。主治医から「何でもなめたくなるときはお茶で口を潤して気をそらせる。悪いことばを言いたくなるのはトゥレット症候群」とのアドバイスをいただいた。彼に出現する強迫観念とどう向き合うか……。ある書籍からヒントをもらい「なめたくなるお化けが出たら『お化け出て行って』と言い返して楽しいことをしよう」と提案してみた。するとQさんが「よし，いたずらモンスターと名前をつけよう」と言い，絵を描くのが大好きなQさんは夏休みに「いたずらモンスター図鑑」を作成。強迫観念出現と上手に関わろうとする彼の発想力に，「なるほど」と脱帽した。

大嵐の3年生前半であったが，夏休み以降は穏やかに過ごせるようになり，3年3月末で通級指導教室は退級した。そして4年以降も集団生活を楽しめるようになったと聞いている。

④ Qさんが安心して過ごせる学校生活とは？

通級指導教室担当としてQさんの心の安定を促すために，①安心して過ごせる方法を考えよう，②得意なことを見つけよう，③苦手なことにも向き合おう，という3つのステップで取り組んできたが，Qさんにとって一番効果的だった支援は，「幸せノート」による他者評価（母親，家族，通級担当）や，

Ⅵ章
楽しい授業を展開する①
子どもの「感じる」「考える」を大切にする

　周りの人たち（担任，友だち，保護者，在籍学校の教職員，主治医，療育担当の臨床心理士，通級担当等）がＱさんの特徴を肯定的に理解して適切な関わりをしていったことであろう。特に担任が毎日Ｑさんに声をかけたことで3年の後半には自分から担任に相談できるようになったことも，彼の在籍校での良好な人間関係形成の獲得につながった。困ったことを誰かに相談する能力は，将来就労した際，うまく社会参加できるための大切な能力だと考える。

　もう1つ彼が出したサインは給食である。Ｑさんは味や香りに敏感で初めての味にはなかなか慣れなかった。1年時には支援者が，小さく切れば食べやすいのではと考え，小さくしてスプーンで口に入れることをしていた。しかしＱさんは無理に食べさせられたと受け止め，つらかったそうである。発達障害の子どもたちの偏食の原因は，におい，食感，アレルギー，場所や周りの人へのこだわり等いろいろな理由が考えられるが，Ｑさんのお母さんによると，味覚の発達がかなりゆっくりであると感じたそうである。Ｑさんの場合，ソースやケチャップ，アイスクリーム，かき氷は「口の中が痛い」と言ってなかなか食べられなかったそうである。彼が食べられるようになったのは，アイスクリームやかき氷が1年生，ソース類は3年生，オムライスやハンバーグが4，5年生，焼きそばや卵は5年生とのことで，6年生の現在も生野菜は難しいが，新しい味をタイミングを見ながら少しずつ試していった結果，徐々に食べられるようになってきたとのことである。彼は6年生になって果物アレルギーが判明したが，彼のように偏食の中にはアレルギーが原因になっている可能性もある。味覚をはじめとする感覚過敏鈍麻の子どもたちの生きづらさを理解し，その子のペースで関わっていくことを肝に銘じたい。　　　　　（日下ゆかり）

> エピソード10　解説
> 学習は，安心の世界をつくり，自分を名づける「場」

1 子どもの思いを共同で発見する「信頼」

　教室で子どもたちに指導するときに「あたりまえ」にかけていることばが，発達に課題を抱える子どもたちにはズレて受け止められることが多い。このケースは，通級教室の教師が，親から聴き取った子どもの悩みを通常学級の担任に伝え，子どもへの語りかけの仕方が変わり，それにつれて子どもも安心して学級で過ごすことができるようになったものである。ここには通級教室の教師と親との信頼，そして通常学級の教室の信頼に裏打ちされた共同の世界がある。

　しかし，この共同は最初から成立していたわけではない。信頼を築くプロセスには紆余曲折が伴うからである。個々の子どもに届くわかりやすい語りかけの技法は，マニュアルとしてすぐに手に入る。ところが，子どもの目線に立って子どもに必要な世界をともに探ろうとする信頼関係を築く専門性は簡単には身につかない。通常の学級・通級教室は，それぞれに固有に役割がある。しかし，それを超えて共同するための専門的な力を互いに発揮することが，このケースのように学校での居場所を子どもに保障することになる。

2 安心できる世界に踏み出し，発展させる「しかけ」

　このケースでは，一定安心できる世界を子どもが発見しながら，友だちからの関わりで自信を失い，身体にも症状が出るほどに実践の壁に突き当たっている。子どもは「子ども集団の中」でしか発達することはできない。教師の支えで自信を得たにしても，暮らしている子ども集団の関係性によって安心の世界に踏み出せるかどうかが発達を左右するからである。

Ⅵ章
楽しい授業を展開する①
子どもの「感じる」「考える」を大切にする

　そこで一方では，学級における集団関係を分析し，課題を抱えた子どもと周囲の子どもたちとがどう出会い直すのかが問われる。他方では，このケースのように安心できる世界に踏み出す「しかけ」が必要になる。その１つとして通級教室の役割がある。得意技の披露，幸せノートによる交流の推進，さらにゲームの楽しみ等が通級教室の学習に位置づけられている。ここで「踏み出す」としたのは，こうした多様な活動がそのまま安心の世界を保障するものではないからである。このケースではいかにも自信たっぷりに活動しているように見える。しかし，自信のある自分と，不安な世界にいる自分との間で揺れているのがこうした子どもたちである。この子どもたちの内面の葛藤とも言える世界に寄り添い，支援することが，「一歩を踏み出した」子どもたちの指導では欠かせない。そして，他方では，通級教室の楽しい活動が通常学級にも広がることによって，安心の世界が発展していくことになる。そしてここでも通常学級と通級教室の教師との共同（信頼）が土台になる。

③ 自分の世界を名づけるための「共同」

　トゥレット症候群のような障害は，子どもたちに多くの困難さを生み出す。しかし，より根本的な困難さは，こうした困難な世界が聴き取られずにいる生活が継続することである。このケースではこの子どもの困難さを聴き取る教師の存在がこの子の気持ちを拓いていく。そして「いたずらモンスター」と名づけていく。それは単に困難さを追い出すための名づけではなく，自分自身の世界を名づける取り組みではないか。しかも，教師もともどもにこの名づけに参加するのである。障害による困難さを受け止めるためには，このような自分の世界を共同で名づける過程がなくてはならないと考える。

　このケースは通級教室の指導のあり方のポイントを示している。同時に「子どもの感じる・考える」を大切にする授業づくりというこの章のテーマに当てはめれば，多様な感じ方・考え方が聴き取られ，子どもの存在が承認される学びの場をどうつくるのかを考えるための手かがりになる。

　障害を抱える子どもたちには，教科指導は困難さを伴うことが多い。それだけに自分の苦手なところ，困難さを名づけて学習に挑むための構えを育てるこ

エピソード10 解説
学習は，安心の世界をつくり，自分を名づける「場」

とが必要である。そこには教師だけでなく，ともに学ぶ学級の子どもたちも参加するダイナミックな実践の構想が求められる。「通常」の子どもたちにとっても，学校の中心的な領域である教科指導に対して，感じ方や考え方が大切にされて，学びに挑む構えを形成する実践が問われている。通級教室という特別な場での取り組みから，今日の学びのあり方を問い返す視点を得ることができるのである。

(湯浅恭正)

エピソード11
虚構の世界で読書を楽しむ

　絵本の読み聞かせをしてもらうと，絵や，ことばの響き，ストーリーの面白さなどに引きつけられ，夢中になって見たり聞いたりしている子どもがたくさんいます。私は，国語の時間に子どもたちが大好きな絵本を使って授業をすることが多くあります。子どもたちは絵本の世界に飛び込んで，イメージを膨らませながら，自分の考えをさまざまに表現します。ここでは，特別支援学級の4～6年生8名の児童を対象に行った授業実践を紹介します。

１　物語の世界を楽しもう！

　この学習に取り組んだグループは，簡単な会話ができ，2年生程度の漢字の読み書きができる子どもが中心である。今回の授業では，『あんなになかよしだったのに…』（作・絵／かさいまり，ひさかたチャイルド）という絵本を使用し，2人の登場人物の心情を考えながら，物語の展開を理解し楽しむことをねらいとした。この物語には，仲よしのこぐまの「だい」と「ちい」が登場する。ある日，だいがふざけて言ったことばがちいの心を傷つけてしまう。「もう一緒に遊ばない」と言われただいは，どうしてそう言われたのかを考え，一生懸命仲直りのことばを探す，という内容である。日常生活での友だちとの関わりの中で，このような経験をしたことのある子もおり，身近な話として考えることができると考えた。

　授業の中で新しい物語に出会うとき，子どもたちは「どんなお話だろう」

「誰が出てくるんだろう」などと，とても期待している。そんなわくわくした気持ちを大切にし，子どもたちを物語の世界に引き込むために，はじめに読み聞かせをするときには，抑揚や間の取り方に気をつけ，子どもたちの反応を見ながら進めるようにした。また，本文は一度に最後まで配布せず場面ごとに配布するようにした。子どもたちには，「次はどうなるんだろう」と期待しながら物語の続きを楽しみにしている様子が見られた。また，物語が最後までわかってしまうと，途中の場面の登場人物の心情を考えることが難しい子どももいるため，場面ごとに本文を読み進めながら，登場人物の心情を考えるようにした。

② 登場人物になりきって読む

　指導にあたっては，登場人物の役になって読む「役割読み」をしたり，挿絵を手がかりにしたりして，より登場人物の心情をとらえることができるよう教材を工夫した。

　たとえば，「もう遊ばない」と言われてしまっただいが，どうしてそんなことを言われたのかがわからず困ってしまって，ちいに会いにいく場面では，次のような会話をRさんとSさんで役割読みをした。

> R（だい）「ちゃんと言ってくれなきゃわかんない！」
> S（ちい）「だいが，もうぼくと遊ばないって言ったからだよ」
> R（だい）「なあんだ。そんなことか」
> S（ちい）「そんなこと？」
> R（だい）「ふざけて言っただけだよ」
> S（ちい）「ふざけて言ったの？」「やっぱりもう遊ばない！」

　RさんもSさんも，それぞれの役になりきって，とても上手に読むことができた。ちい役のSさんは，「やっぱりもう遊ばない！」と言った後，Rさんに背を向けて走り去っていった。それを見た，だい役のRさんは，「待って」と本文にないことばを言った。2人が役割読みを通して物語のイメージを膨らま

せ，自然に出た動作やことばである。

　また，相手を変えたり，役割を交代したりしながら，役割読みをした。子どもたちは，「だい」と「ちい」の役の違いによって読み方や動きを変えていた。その場面における登場人物の状況などをよく理解して表現することができたのだと考えられる。

　2人の役割読みを見聞きしていた子どもたちは，笑顔で拍手をし，「上手だった」などと感想を述べていた。そして，自分の番になったときに，真似してやってみる子どももいた。読み方や自分のイメージを表現したり，一緒に学習している友だちとイメージを共有したりすることで，物語の世界をより深く楽しむことにつながったと考えられる。

③ 登場人物の心情を考える

　役割読みをした後，すぐに「どんな気持ち？」とRさんとSさんに質問をした。だい役のRさんは，「おこってる。ちいが行っちゃったから」と答え，ちい役のSさんは，「嫌な気持ち」と答えた。役割読みをしたすぐ後に聞くことで，そのときの率直な気持ちを言うことができたのだと思う。

　全員が交代で役割読みをして，そのときの率直な気持ちを言った後，グループ全体でもう一度「だい」と「ちい」の気持ちについての考えを交流し，読み取りを深めた。「おこってる」「かなしい」「くやしい」「もう遊びたくない」など，子どもたちはさまざまなことばで登場人物の気持ちを表現することができていた。

　グループ全体で話し合い，互いの考えを交流した後に，それぞれが考える登場人物の気持ちをワークシートに記入するようにした。役割読みをした後に自分が感じたことだけでなく，友だちの考えを聞いてあらためて考えたことを，今度は書いてまとめていった。

　「役割読み」「全体での意見交流」「ワークシートでまとめ」という学習過程を場面ごとに繰り返し，それぞれの場面での登場人物の心情を丁寧に考えるとともに，物語全体の展開に沿って登場人物の心情の変化をとらえていった。前述の場面の後には，ちいと遊べなくて一人ぼっちのだいが，「どうしたらまた

エピソード11
虚構の世界で読書を楽しむ

一緒に遊べるかな」と考え，ちいに謝りに行く姿が描かれている。そこでは，子どもたちから「ごめんねって言う」「ちゃんと謝る」「（ちいは）いいよって言う」「やっぱり仲よしになりたい」などと，いろいろな考えが出てきた。子どもたちは，物語の展開を的確にとらえ，2人の登場人物に寄り添ってそれぞれの心情についての考えを表現することができた。そして，こういった学習を通して，物語の世界を深く楽しむことができたのではないかと考えられる。

④ 物語の世界を楽しむ中で，ことばの力を育てる

今回の授業では，2人の登場人物それぞれの心情を考えて表現することが大きなねらいであった。登場人物のうち1人だけではなく，2人の立場をとらえて心情を考えることは，このグループの子どもたちには初めての学習内容であり，単元の当初は少し難しさも感じられた。役割読みをしながら物語を読み進めるうちに，2人の立場をとらえることができるようになってきた。さらに，それぞれの心情についてのイメージを膨らませ，自分なりのことばで表現できるようになっていった。また，子どもたちがそれぞれの考えを友だちと伝え合うことで，さらに考えを深めることもできた。

単元の終わりのまとめとして，「だい」に手紙を書いた。Rさんは，「ちいにわる口いわなければケンカにならなかったんだよ。でもちゃんとなかなおりできてよかったね」と書いた。Sさんは，「さいしょにへんなこといってたよね。いっしょにあそぶとたのしいよ。つぎからちいといっしょにあそんでね」と書いた。2人とも，物語の内容を十分に理解し，学習を通して自分の考えをもち，文章に表現することができていた。

物語の世界の中では，自分の気持ちではなく，登場

VI章
楽しい授業を展開する①
子どもの「感じる」「考える」を大切にする

人物の気持ちを表現することになる。時には現実ではありえない設定を楽しみながら，想像力を働かせ，さまざまに考えることができる。文章を読むだけでなく，そこからイメージを膨らませて考えたり，自分の考えを表現したりすることを通して，ことばの力が育つことにもつながったのではないであろうか。

（塚田倫子）

エピソード11　解説
「遊び」の世界の共有が教科指導の土台

1 虚構の世界に「誘いかけ，誘われる場」をつくる

　支援学級の子どものことばの指導で絵本教材は定番である。このケースは身近な内容の絵本を用いて子どもたちに想像する楽しさを体験させ，物語を理解させようとしたものである。絵本の世界に引き込み，わくわく感をもたせるために誘いかけの工夫がいくつもなされている。だが，ここで教師は子どもたちを誘うだけであろうか？
　子どもたちも教師の誘いに乗り，その反応に教師も誘われているのではないか。物語の展開を期待するだけではなく，誘いかける教師の存在が学びの場への期待感をもたせている。期待感を表情などで示す子どもたちの存在に教師もまた国語の指導の専門性を発揮しようと気持ちを高めていく。
　誘いつつ，誘いかけられる世界をつくること，それは教師と子どもが「遊び」の世界を共有することである。この共有の世界づくりを特に障害のある子どもたちの教科指導の専門性の要素に据えたい。このケースで示されている誘いかけは，新人の教師でもできそうな指導だが，子どもから誘いかけられる楽しさを体験する場はそう簡単にはつくれない。誘いかけの技は教師にとって α（アルファ）であるとともに，どのような誘いかけが意味をもつのかを考えると，それは教師にとって Ω（オメガ）の課題だといえる。

2 物語の役割を「こなす」のでなく，「なりきる」学び

　物語の世界を動作化によって子どもに理解させようとする方法は，障害児の国語の指導でよく行われている。しかし，登場人物の役割を動作化によって模倣したりしていても，表面的に物語の人物に触れ，役割を「こなす」といっ

Ⅵ章
楽しい授業を展開する①
子どもの「感じる」「考える」を大切にする

た場面は少なくない。障害のある子にこそ役割に「なりきる」学びを保障したい。

では、子どもが「なりきった」と評価できる目安は何か。このケースでは、子どもが本文にないことばを表現する場面がある。その表現は子どもの内面から発せられ、相手に呼びかけるという応答の世界を体験して発揮されたものである。この物語のエキスとも言える「応答」の世界を表現しているのだと考える。

自分の番になって「真似してやる」子も出ている。この表現も、単に役割を「こなして」真似しているのか、それとも役割に「なりきった真似」なのか、それを私たちは評価しなくてはならない。ともすれば障害の特性のせいにして、役割を表面的に「こなした」ことで授業を終わらせてしまいがちになる。

もちろん、そう簡単に「なりきる」世界は実現できない。それだからこそ、役割を繰り返して表現する子どもの中に「なりきりつつある」萌芽を見つける目が必要になる。このケースのようにともにイメージを共有する場を工夫するといった指導が、ゆっくりではあっても役割に「なりきる」活動へと子どもたちを促していくのである。

③「心情を考えること」を楽しむ

授業で子どもたちが登場人物の気持ちを「かなしい」「くやしい」等と表現する。子どもたちは精一杯表現しているのだが、片言の表現に接すると物語の世界をただ表しているだけで「楽しむ」までにはなっていないと思いがちになる。

このケースで示されている「役割読み」「全体での意見交流」「ワークシートでのまとめ」の繰り返しの過程で、教師は子どもたちが「心情を思考する」ことを楽しんでいるかどうかを見取り、省察しているはずである。たとえ片言ではあっても、心情に迫り、物語を楽しんでいる表現に教師は出会っているはずである。それは子どもと同じく教師自身が「心情を考えることを楽しむ」場に身を置くことでしか味わえない世界である。

国語の教科指導では物語の世界を的確にとらえる視点は不可欠である。し

エピソード11 解説
「遊び」の世界の共有が教科指導の土台

かし,「的確さ」とは,単にきちんと正確に理解するという次元だけであろうか。むしろ,「応答」の世界を味わうという楽しさを共有できているかどうかという次元にまで目を向けなくてはならないと考える。ことばの力が育つ指導は,イメージの世界を楽しむ学びが基盤にあって実現できる。

　それは通常の子どもたちのように「とうとうと気持ちを言う」のではないが,障害のある子どもたちが,自分に自信をもち,虚構の世界の理解という困難さを伴う学びを楽しむ,こうした学びの場を体験していくことである。そこには教師や友だちとの関係が育ち,ともに物語を楽しむ集団をつくる教師の指導が求められている。

　　　　　　　　　　　　　　　　　　　　　　　　　　　　（湯浅恭正）

エピソード 12
不思議を知的好奇心につなげる授業づくり

　知的発達の遅れのある知的障害児は，抽象的な思考が苦手とされ，身近な生活上の課題の解決に，具体的・実際的な内容で取り組む学習が重要とされ，実践される傾向があります。しかし，知的障害児であっても，たとえば，ペットボトルロケットを使った気体の反応実験の様子を熱心に観察したり，季節ごとの草花の変化に気づき，自分から話すなど，自然の事象の「不思議」を感じて，生活しています。そこで，身体を通して「不思議」を感じることを「知的好奇心」につなげ，新しい認識と出会う活動を行ってみました。

1　生活科の中で，「実験遊び」に挑戦しよう

　知的障害特別支援学校小学部での実践である。この学習グループの児童は，障害種や発達段階が多様であるが，興味・関心の高い活動や見通しのもてる活動には，自分から活動に取り組むことができる。学校生活でも「ありさんは，なにをたべているのかな」や「おはながさいているね」など，身の周りの自然や生物に対して関心をもち，観察したり，質問する姿も見られるようになってきた。また，校外学習でのサイエンスショー（ペットボトルと水素を使ったロケットの実験）の見学や科学体験コーナーでの経験を通して，実験に対しての興味関心も高まってきている。このようなことから，体験的な活動を通して，身の周りの自然の事象に対する理解を高め，感じたことや考えたことを表現し，自然に対する新しい認識と出会える活動をしたいと考えた。

　そこで，「不思議」をテーマに児童が興味関心をもって取り組める簡単な理

科的な実験活動に取り組むこととした。知的発達の遅れのある児童が，十分に「不思議」を感じて，実感を伴った理解が図られるように，実際に身体を使って自然の事象を味わったり，体験したりできるような活動を検討した。感触を使って，不思議さを実感できるホウ砂を使ったスライム遊び，視覚や息の調整でつくる実感を味わえるシャボン玉遊び，自分

の身体を使って，風を生み出したり，また，音や風を受ける感覚を味わうことができるダンボールの空気砲を使った実験遊びを行うこととした。

② 「不思議」が「知的好奇心」につながらない

　スライム遊びとシャボン玉遊びの授業を実践する中では，触覚や視覚を中心に身体を使って感じる場面を多く設定していたので，「不思議」を十分に感じて，活動に没頭する様子が見られた。また，授業の振り返りの場面においても，「だんだんかたくなってきた」「気持ちいい」など自分が感じたことを積極的に発言する場面が多く見られ，実践に対する手応えを感じることができた。

　しかし，継続して取り組む中で，活動に集中できない場面が見られるようになってきた。この理由として，活動を児童自身に任せて行ってきたため，授業での学びが感覚的「不思議」の段階にとどまり，繰り返し行う中で，活動に対する「飽き」が生じてしまったのではないかと考えた。

　そこで，教室環境や授業展開，教師の関わり方を見直すこととした。まず，安全性を十分考慮したうえで，時間内は，児童の好奇心のおもむくままに自由に活動できるように，あらかじめ教材をすべて活動場所に設置して，自由に活動できるようにした。その際に，教材を本来の活用とは違う使い方（たとえば，段ボール空気砲に乗っかって遊ぶ，投げて遊ぶなど）も許容することで，一人ひとりの児童がそれぞれの「不思議」を十分に感じることができるようにした。

Ⅵ章
楽しい授業を展開する①
子どもの「感じる」「考える」を大切にする

　教師の関わり方は，児童が教材や活動に没頭している場面では，見守りを原則とすることで，自身で「不思議」を感じる機会を十分に保障するようにした。そして，児童がやりたいことをうまくできず，試行錯誤しながら取り組んでいるときには，一緒にやり方を考えたり，実際に試してみるなどの関わりをもつこととした。また，あえて児童の予想と異なる結果になるような「矛盾」を提示することで「知的好奇心」へとつなぐことができるようにするなど，児童の試行錯誤に対して教師の積極的な関与を行うこととした。その中で，教師は，児童が考えている内容を児童自身の何気ないつぶやきや教材との関わり合いの様子から，読み取り，ことばにして，児童に伝え，自分の内面で起きていることを整理して，お互いにイメージや理解を共有できるにようにした。このとき，自分や友だちの活動をiPadで撮影して，振り返りの場面で活用するようにした。

③　教師と児童が共同する「矛盾の克服」

　以上のような授業展開をする中で，ある児童は，授業の導入部で段ボール空気砲の使い方の説明を受け，すぐに自分から，的を並べ，段ボール空気砲で風を当てて，的を倒す活動を始めた。実際に手や足で触れなくても，的が倒れるという「不思議さ」を十分に感じ，笑顔を見せながら何度も的を倒す活動に没頭していた。この児童にとっては，実際に触れることなく「的が倒れる」ことが「不思議」として感じられ，そこから「的を倒したい」という気持ちが湧き出して，活動の意欲となっていたと考えられる。しかし，何度も継続して的を倒していたことで，活動に飽きが見られるようになってきた。この背景には，「的は必ず倒れるもの」という認識が形成されることで，活動に対する意欲が低下してきたことがあるのであろうと考えた。そこで，教師は，的をより重いものに替えて「これを，倒してみようよ」とことばをかけ，活動に誘うようにした。

　児童が，同じように段ボール空気砲を使ってみても，今まで倒れていたように的が倒れないことに「あれー」と驚いた様子で，自分から叩き方や手を当てる位置を工夫するなど再び活動に没頭するようになった。このことは，それま

で「叩けば必ず，的が倒れる」という児童の認識が，教師の提示した「倒れない的がある」という「矛盾」により一度壊され，「この倒れない的を倒したい」という目的が生まれ，その達成のために活動に没頭し始めたのではないかと考えられる。

　教師は，児童の試行錯誤の過程を尊重しながら「的を倒す」という共通の目的をもち，協働して問題の解決を図るように関わった。教師が，「このへんを叩いてみたら，どうなるかな？」や「（的の）このへんをねらってみたら，どうかな？」といったことばかけや，ダンボール空気砲を強く叩くための叩き方を実際に身振り手振りや「バーンって叩いてごらん」などオノマトペを使って説明しながら，最終的には的が倒れるように児童の試行錯誤をうまく促すように支援した。

　そうした中で，最終的には，段ボール空気砲を強く叩けばよいということや的に風をしっかりと当てることが必要であることに気がつき，ついに，この児童は，的を倒すという目的を達成することができた。倒した瞬間は「やったー」と満足気な表情で，嬉しい気持ちを共有するために教師のほうを向いてきた。そのときに教師は「やったね。倒れたね」と児童の気持ちに共感し，「しっかりとねらって，バーンって強く叩いたから，倒れたんだね」と一連の流れや結果をことばで説明するようにした。授業の最後の振り返りの場面では，iPadで録画した自分の活動の様子を見ながら「バーンと（身振りを入れながら説明）たたいたので，まとがたおれて，うれしかったです」と自分なりの表現で，自分の活動の様子と目的が達成できたことの満足感を発表することができた。

④「不思議」から問題提起へ

　このことは，知的障害児においても，身体を通じて「不思議」を十分に感じ

Ⅵ章
楽しい授業を展開する①
子どもの「感じる」「考える」を大切にする

ることが原動力となり,「知的好奇心」を生み出し,それをもとにした問題解決の活動が「学習」となりうることを示しているのではないであろうか。

　抽象思考の困難な知的障害児であっても,自分自身で「不思議」に感じたことから,自分なりの認識を形成したり,また,その認識が矛盾と出会ったときに,解決のための活動に自ら取り組むことができると言えないであろうか。そして,自分だけの力では問題の解決をすることが難しい場合には,他者（教師）の支援が必要となり,協働の問題解決の過程において,これまでの古い認識を再構成することで,新しい認識が形成されたと言うことができるであろう。

　この児童は,的が倒れたことは「風」の働きであるということや「風」の働きに強弱があるなど,小学校における理科的な「エネルギー」としての認識の形成には至ってはいない。しかし,問題解決の過程を通して,自分の自然に対する新しい認識を他者（教師）との協働活動で形成したと言うことができよう。

　このように,「驚き」や「達成感」を感じながら,問題解決を行ったという経験は,今後,自分の周りの自然の事物に対して,興味関心をもち,積極的に関わっていこうとする態度を形成することにつながると考える。（遠藤貴則）

エピソード12　解説
学びの「体験」を「経験」にするのが教科指導

1 教科指導が子どもの体験の繰り返しになっていないだろうか

　抽象的思考が求められる教科の指導は，知的障害児にとって困難さが伴う。それでも私たちはこの子どもたちを「不思議の世界」に誘い，感じる楽しさを味わってほしいと願う。もちろん通常の子どもたち以上に不思議な世界を感じるための手立てが必要である。このケースが校外学習でのサイエンスショーや科学の体験コーナー，そして感触や身体を使った多様な遊びの場面を設けて体験活動をふんだんに取り入れた授業をつくっているのはそのためである。

　しかし，このケースで教師は「不思議」が「知的好奇心」につながらないという課題に直面している。それを「飽き」と特徴づけている。この「飽き」の原因は何か。それは不思議を味わう「体験」を子どもたちにとって本当の意味での不思議さの「経験にする授業」が展開していないからである。障害児教育では体験を基盤に展開する生活単元学習においても，そこでの体験が子どもたちにどのような経験として刻み込まれているのかが曖昧な場合が多い。体験が繰り返されるだけで，それが子どもの中を通過するからである。

　障害児の教科指導においては，子どもの体験を軸にした授業がつくられてきたが，科学の世界を「経験」するまでに至らないことも多い。体験の繰り返しでは，「飽き」が積み重なり，子どものやる気をそいでしまうことになる。

2 自分の力を出しきる活動をともにつくる共同の世界

　教科指導は，このケースのように不思議の世界を感じることを大切にするが，「飽き」を乗り越えるためには，子どもたちが自分の力を十分に発揮し，出しきる活動がどう用意されているかが問われる。このケースでは，子どもの

Ⅵ章
楽しい授業を展開する①
子どもの「感じる」「考える」を大切にする

　自由な活動を大切にし，たとえばダンボールの空気砲の実験ではなく，その空気砲で自由に遊ぶという活動に指導を転換している。自由に空気砲の世界に浸り，投げたりする活動を通して，自分の力が発揮されて，自分と教材とが一体化する。しかし，「不思議」という教科指導に誘おうとするあまり，つい私たちは「学校的」な世界の発想にとらわれてしまって「不思議」の世界を子どもたちが自分のコンテクストで実感する大切さを忘れてしまう。

　自由な活動といってもそれは放任ではない。教師も子どもとともに「不思議」の世界につながる遊びを体験する。このケースでは，体験の過程で子どもたちは「試行錯誤」という大切な活動を展開している。そこで教師もその世界に入り，子どもとともに試行錯誤する共同の世界をつくり出している。こうした共同が「不思議」の経験（矛盾の場面とその克服）に発展する重要な鍵になっている。もちろん共同と言ってもまったく子どもと同じ視線ではなく，子どものつぶやきなどを読み取って子どもに返していく，また子どもの内面の世界を整理していくなどの積極的な働きかけを行っていく。授業過程でのこうした教師の指導性が，体験を経験化していくことにつながるのだと考える。

③ 子どもへの「ことばかけ」を意識する

　不思議の世界に誘う教科指導では，どうしても教材や教具の意義に目が向いてしまう。しかし，このケースのように子どもたちと共同して授業をつくる過程で教師が子どもにかける「ことば」を意識することが大切である。オノマトペを駆使することによって子どもが教材に働きかける行為をいっそう豊かにすること，的を倒す際の「評価のことばかけ」などの工夫が必要になる。「子どもの気持ちに共感する」際にも，そのことばかけには子どもとの共同に裏打ちされた共感がなくてはならない。子どもの達成をともに値打ちづける共同の世界がなくては，うわべだけの「評価」に終わり，体験が経験につながらないからである。

　授業の最後に活動を振り返る場面でも，「満足感」を子どもとともにどう教師が味わうのか，それをどうことばかけとして投げかけるのかが問われている。

エピソード12 解説
学びの「体験」を「経験」にするのが教科指導

　このケースでは，教師と子どもとの関係が主に示されている。しかし，体験を経験化するうえではともに授業に参加している子ども集団の活動がポイントになる。「問題解決を行ったという経験」を大切にしているこのケースで，子ども集団による問題解決の過程が，「驚き」「不思議」という教科指導の面白さを経験することになっているのだと考える。

　なお，1つの教材を10時間以上も費やして展開する特別支援学校のカリキュラムが，不思議の世界へと導く授業の基盤になっていることも忘れてはならない。

　　　　　　　　　　　　　　　　　　　　　　　　　　　　　　（湯浅恭正）

Ⅶ章

楽しい授業を展開する②
教師の指導技術と授業展開

エピソード 13
やってみたいことに挑戦する

　新しく赴任した支援学級は 30 人規模の 4 学級編成。そのうち 1，2 年生 6 人が私の担当となりました。その中に T さんがいました。T さんは 2 年生，診断名は自閉症（自閉症スペクトラム障害）でした。前担任からの申し送りでは，こだわりやパターン化が強く興味の対象も限られているとのことでした。実際，喜怒哀楽をあまり表に出さず，授業の間も隙があれば脳内世界で 1 人楽しんでいるように見えることが多かった児童です。一人遊びが多く，友だちへの興味が薄いことで集団参加が難しい場面もありました。その T さんとの実践を紹介します。

① まずは得意なものを前面に

　T さんは，担任としてはどうにかしてこの児童の関心を広げ「外」に連れ出したい，と思わせるタイプの子どもである。一方で大好きな粘土遊びや工作，自由画などでは活発にことばが出てきて，自分のつくっているものについて楽しそうに説明することで他人に関わるという面もあった。
　まずはこうした T さんの得意なものを前面に出すことで，学級内での彼の評価を上げていく作戦を考えた。周りの友だちが彼を見る目が変われば彼の意識も広がるのではないかと考えた。みんなの前で意図的に話を多く振ったり，指名を増やしたりしてとにかく学級の中での存在感を出せるように留意した。彼の作品を展示するミニコーナーを設置し，日常的にみんなが彼の絵や工作に触れられるようにした。おかげで，学級内の何人かの子どもたちを中心に「T さんは静かだけど絵がうまい」「T さんのつくる粘土はかっこいい」という評価

が広まり、周りから一目置かれる雰囲気はできていった。

周囲の友だちや大人たちからこれまで以上に関心を集めるようになったものの、当のTさんは相変わらず周囲にはあまり関心が向かないようであった。授業でしつこく指名されることがあまり嬉しくないという様子すらあった。

算数や国語の教科学習では、教材に彼の好きなキャラクターを登場させ、彼の反応が強まるキーワードを盛り込むなど注意を引くようにもした。それでも教科的な課題はあまりつまずきなく吸収していく一方で、積極的に活動に参加するような変化は見られず、相変わらず彼の受け答えは小さく短いことばでつぶやく程度のものだった。

② 行事の体験から見えてきた課題

そんな調子で迎えた7月。1学期のメインイベントの1つでもある学級行事「こどもまつり」に向けて準備が始まった。生活単元の授業で、写真や実際のゲームコーナーで使った道具などを用いて昨年の様子を振り返り、今年はどんなコーナーをつくりたいかを考える。昨年経験済みの2年生はもちろん、行事が初めての1年生も、何か楽しそうなことをするようだという期待感をもち始めている。ただ1人Tさんだけが終始受け身の姿勢で、時折1人で手遊びなどしながらそこにいる、という様子であることが気になった。

昨年のコーナーだったという、魚釣りとボーリングをお試しで遊んでみる。他の児童からあがったスライムやお化け屋敷のアイデアもみんなで実験。そうした具体的な活動の中ではTさんも目が生き生きとして「次はぼく！」など元気な声も出てくる。少しでも主体的な行動が出てきたことは嬉しかったが、そうした活動の後でさて今年のコーナーを決めようという段になると再びトーンダウンしてしまった。「うーん、ぼくはー……ボーリング？」理由は去年やったか

ら，やったことがあるからできそうだということであった。それはそれで立派な選択なのだが，実際にはボーリングよりもずっと楽しそうに遊んでいたゲームもあった。あれだけ他の遊びにも興味を示して見せた後だったので，新しいものに挑戦してみるという壁を破れなかったことは少し残念な思いも残った。

行事は成功し，子どもたちも楽しんでいた。けれど，Tさんのチャンスを広げられなかったという不満は私自身の中にはっきりと残った。

③ 身近なところから学びをつくる

夏休み中に行った保護者との個人面談での話から，普段のTさんの生活は学校と家の中にほぼ限られているようだということがわかった。夕飯の買い物につきあったり休みの日に公園で遊んだりという生活経験をあまり得られていない様子がうかがえた。Tさんほどではないが，他児の家庭でも状況はあまり変わらなかった。

2学期の生活単元は学級内で郵便局を開くというのが，本学級での毎年の恒例であった。しかし，この話を聞いて，郵便局というのはあまりにもTさんたちの生活実感から遠いのではないかと感じた。同時に1学期間彼らの実態を見て，こどもまつりの取り組みなどの様子から，前年度の経験を生かして見通しの明らかな中で活動していく授業だけではこの6人にはもったいないのではないかと考えるようになった。もっと自分たちで考え，活動することができるし，何よりもTさんの能動性を引き出すにはもっと身近で，かつ前年とは違った体験を持ち出す必要があるのではないかと感じたからである。

そこで2学期は，地域にある商店街を教材にした「お店たんけん」を扱うことにした。

「1くみたんけんたい」をつくり，通学路を中心に学校の周りにどんなお店があるのか，そこでは何が買えるのか，調べることにした。ただ課題を提示するのではつまらないので，「ハテナさん」という顔面がクエスチョンマークのキャラクターを設定し，そのハテナさんから謎の地図が届いたという設定にした。地図は学区にある商店街を簡略化したもので，いくつかの建物(実際にはお店)が「？」で覆面になっている。毎月の買い物学習で行っているスーパー

エピソード13
やってみたいことに挑戦する

とは逆方向の地元商店街で，子どもたちにとってはまったく未知ではないがこれまでの自分たちの日常であまり意識されていなかった地域である。身近だけど新しい世界に目を向けるという意味では，うってつけの教材に思えた。

ハテナさんからの手紙と地図に他の児童だけでなくTさんも声をあげて反応した。「ハテナさんて誰だろう？ 先生お手紙もらったの？」など，こちらの顔を見て自分から話しかけてきた。1回目のたんけんでは「隊長」の後ろに並んで歩き，こちらが促す前にデジカメで自分なりの発見を何枚も写真におさめていた。魚屋に並ぶ鮮魚の名前や，「魚屋さんなのに卵焼きも売っているんだね」など気づくたびに伝えてきてくれた。

これだけでも大きな変化だったが，2回目のたんけんではなんと，「ぼくも隊長をやりたい」と立候補した。相変わらず控えめな声だったが，「それじゃ，出発」とか「あっ，みんな，止まって」など，列の先頭で隊長になりきって先導しようとはりきっていた。花屋でミニトマトの実を見つけ，「なぜ花屋さんにトマトが？」という疑問をもった。さらに教師に促されそれをお店の人に質問することもできた。お店の人は，これは飾ってあるだけで売っていないのだということを丁寧に答えてくれ，Tさんも納得してうなずいた。もちろんそのトマトの鉢植えはしっかり写真におさめていた。

後日，ビデオで自分たちのたんけんの様子を振り返り，自分で撮った写真を使ってお店についてわかったことをまとめ，秘密の地図を完成させた。

もともとはお店や商店街そのものに興味があったわけではないTさんが，「なんだかよくわからないけど気になる」といった関心を寄せ，自分から動こうとしたり，何かを発見したりする姿を見せたことは，嬉しい変化だった。

④ 共通して体験できるわくわく感を

その授業のあたりから，Tさんと話をするときにしっかり目が合うことが多くなった。こちらの何気ない問いかけに他児のように反応するようにもなった。6人のクラスの中では自分から友だちに短いことばや目線で働きかけるようになり，やりとりを交わす姿が自然になっていった。その年の音楽会ではオープニングの海賊役の1人になることを自ら希望するなど，少しずつではあ

Ⅶ章
楽しい授業を展開する②
教師の指導技術と授業展開

るが活動の広がりが見られるようになった。

　はじめはTさんを取り囲む環境を変え、みんなが働きかけることでTさんの意識を外に向けようと考えたが、それはTさん自身の内側に働きかけるにはあまり効果がなかった。Tさん本人と周りの子どもたちとが共通して体験できるわくわく感を授業の中でつくることが大事だったのだと気づいた。その中でTさんとクラスメイト、そして教師とが一緒に発見や疑問を共有し合うことでTさんの意識や思いが自然と周囲に向けられるようになったのだと思う。

（岩澤史子）

エピソード 13　解説
「あたりまえ」の基準で評価される活動・役割では興味・関心は育たない

1 「あたりまえ」の基準で評価していないか

　このケースのTさんは，自閉症児。自閉というからどうしても世界から閉じているると思いがちになる。しかし，Autism − Auto に関連した概念として理解することもできる。そうだとすれば自閉症児は，「あたりまえ」の基準で対応され，「こだわり」などの自在な行為は評価されにくい。

　Tさんの得意なものを大切にする，学級で存在感をもたせるように工夫する，周囲の子どもたちも評価を高める——こうしたごく普通の取り組みでもなかなか効果が出てこない。教科指導ではTさんの興味を引くしかけを工夫する，そして生活単元学習でも体験済みのコーナーでの遊びに期待し，いくらか意欲的な姿を示し，自分で選択するなどの成長を見せる。しかし，取り組みの成果は全体を通して教師の思惑から外れていく。

　これらはいずれもよく考え抜かれている指導だ。そして，どの教師も工夫し，取り組む授業づくりの実践の王道でもある。しかし，こうした王道＝あたりまえの世界で対応され，評価されることに子どもは異議を申し立てているのではなかろうか。ある程度興味・関心を示しても，それが広がる実感を子どもも，また教師ももてない原因の1つは，これまで「あたりまえ」に構想してきた指導の方針を問い直さず，それに知らず知らずのうちに寄りかかってきたことにあるのだと考える。

2 子どもからの「呼びかけ」を大切にする

　授業で活動に興味を示し，関心を広げようとする，それは子どもが教材の世界に呼びかけようとする意識をもつときである。このケースでは，1つにはハ

Ⅶ章
楽しい授業を展開する②
教師の指導技術と授業展開

テナさんというキャラクターに、そして2つには身近な地域にTくんが呼びかけようとしている。さらに、隊長になって先導する役割を通して、探検活動をみんなに呼びかける、また花屋の商品にも呼びかけていく。

こうした呼びかけを引き出すための指導のポイントは、一般的な課題設定ではなく、呼びかけたくなるキャラクターを設定すること、生活にある既知の世界にある未知の世界を設定することにあった。障害児教育で展開されている生活単元学習は、こうした「呼びかける」生活をつくるところに意義がある。社会性を育て、社会に適応するためのスキルを形成するという視点も見据えながら、自閉症児が世界に呼びかけ、探究する活動を通して、興味・関心が結果として広がっていく。もちろんこの子どもたちにとって興味・関心はそうやすやすと引き出され、広がっていくものではない。Tさんの生活が学校と家に限定されて豊かに遊ぶ生活が十分ではないだけに、生活単元学習を通して、環境に対して呼びかける経験をどう保障していくのかが問われている。

③「呼びかけ」に応答する集団をつくる

子どもの興味・関心は自発的な「呼びかけ」とともに、それに応答する集団の中で高まり、広がっていく。探検で魚の名前を知らせてくれるTさんに対して教師が応答する、また隊長になりきって先導する声かけに教師や友だちが応答する、花屋での質問に店員が応答する――こうした一連の応答関係があるからこそ、それに応えてTさんの興味と関心はさらに発展していくのである。役になりきる姿をどう教師が評価し、また友だちも値打ちづけたのかが問われている。

こうした応答関係の発展は、日常の生活において子どもの変化として示される。「目がしっかりと合う」「何気ない問いかけに反応する」「海賊の役を自ら希望する」などの変化である。それは「わくわく感」として示されているように、呼びかけて応答されるわくわく感である。わくわく感のある生活をつくる――生活単元学習が大切にしてきた実践のポリシーがそこにはある。

自閉症児を含めて障害児に対して必要なコミュニケーションのスキル形成は、特別に取り出して指導する対応が必要である。それと同時に生活単元学習

などの授業の一つひとつを通して形成される呼びかけ―応答という関係づくりを教育実践の柱に据えたい。このような指導の柱をめぐって支援学級の担任と通常学級の担当とがどう議論していくのかも問われる課題である。通常学級の子どもたちにとっても「わくわく感」いっぱいの生活をどうつくるのか，授業のスタンダード化が議論されている今日だからこそ，興味・関心を広げる実践のあり方を支援学級の発信から学びたい。　　　　　　　　　　　（湯浅恭正）

エピソード14
仲間とともに「ことば」の世界を楽しむ授業づくり
―友だちと学び合う体験を―

　私は「集団」の中で見せる子どもたちの育ちが好きです。できなかったことができた瞬間の驚きや感動，友だちとの関わりや共有など，1人ではなく「集団」の中で見せてくれる一人ひとりの表情がとても好きです。そのような思いから，個別学習では得ることのできない体験を「集団」の中でさせたいと思い，「ことば」の学習に焦点を当てることにしました。

１　掛け合いの面白さを体感させたい！

　昨今の特別支援教育では，少人数，時には教師と1対1での学習に重きを置いているように見える。もちろん個別学習の大切さは私も承知しており，実際に個の実態に沿った学習にも取り組んでいる。しかし，その学習形態だけでは私の求める子どもの育ちは見ることはできない。友だちと「できたね」「やったね」と喜び合える体験もできないであろう。

　私が担任する特別支援学校小学部6年生では週に1時間「ことば」の授業を設定し，13名の児童全員で取り組んでいる。ことばのない児童から日常会話の成り立つ児童まで，その実態はさまざまである。個性豊かなこの13名が同じ題材で，しかも「集団」で学習することはそうそう容易なことではない。しかし，「集団」で取り組む「ことば」の学習活動の中で学ぶことは多く，ことばのない児童も友だちの声を聞いたり，自分の声に友だちが「すごい」と拍手をしてくれたりする経験ができる貴重な場である。また，ことばのもつリズムや日本語の美しさなども「ことば」の学習活動で取り組むこともできる。

エピソード14
仲間とともに「ことば」の世界を楽しむ授業づくり
―友だちと学び合う体験を―

　自閉症スペクトラム障害の診断を受けているUさんは，簡単な日常会話は成り立つものの，ことばのもつ面白さを十分に味わうことができず，もどかしい思いをしていた。最初にぶつかった壁は電話の対応であった。「もしもし。○○くんですか？」と言う電話の相手に「○○くんですか」と答えたUさん。よく見受けられる場面であり，ことばの面白さを知るというよりは，応対の仕方の学習の必要性を感じたケースである。さらに音楽の授業のときの出来事である。「こぶたぬきつねこ」の歌の掛け合いの部分で，Uさんは掛け合いをせずに全部のフレーズを歌い，この歌のもつ本来の面白さを味わえずにいた。Uさん自身も「もっとみんなと楽しみたい」という思いをもっており，この曲の学習場面になると表情が曇っていた。個別に練習をしてはみたものの，彼にとって個別で取り組むことでさらにできないもどかしさを強めることになり，「こぶたぬきつねこ」の曲そのものを敬遠するようになった。ことばの掛け合いの面白さをどうしてもUさんに味わわせたい……それが「ことば」の学習で，私が創作詩「おまつり」に取り組もうと思ったきっかけであった。

② 生活単元学習で「ことば」の面白さを！

　秋になり，Uさんも私も「こぶたぬきつねこ」の件を引きずったまま，学校祭を迎えることになる。掛け合いはできないものの，学校祭では「いらっしゃいませ」「どうぞ」「ありがとうございました」など大きな声を出して接客する場面が多く，Uさんはとても楽しそうである。みんなで作った木の置物を「10円です」と上手に販売していく。「すごいね」「ありがとう」という客の声にとても満足そうである。やっぱりUさんにはことばのもつ面白さをもっと味わわせたい。ことばの掛け合いの楽しさを経験させたい。私の思いはどんどん大きくなっていった。
　学校祭の模擬店のテーマは「おまつり」であった。6年生みんなで制作した置物やストラップを販売したり，ゲームコーナーで接客したり，子どもたち一人ひとりが店を経営する企画である。各自がそれぞれ別々の店を開くのだが，それに至るまでの学習は13名全員で取り組み，そのときの掛け声を「やればできる子中部っ子　YDCK　まつりだ　わっしょい！」にした。学習の始ま

Ⅶ章
楽しい授業を展開する②
教師の指導技術と授業展開

りには必ず全員でその掛け声をかける……威勢のいい身振りつきで。前半の部分を言うことが難しい児童も「わっしょい！」だけは言おうと必死である。声が出なくても両手をあげて「わっしょい！」に参加しようとする児童もいる。私がわくわくする瞬間であった。13名がそろって「わっしょい！」と両手をあげたときのわくわく感を思い出すと，それだけで今でもにやけてしまう。そうやって「集団」のもつ力は教師に力を与えてくれる。きっと子どもたちも同じではないか……Uさんも「集団」の力でもっともっとことばの世界を楽しめるのではないか……私はそう感じた。

③ 創作詩「おまつり」をみんなで楽しもう！

　学校祭を無事に終え，冬を迎えた。「ことば」の学習を計画することになり，季節外れではあるが「おまつり」を題材に取り上げることにした。Uさんに掛け合いの面白さを伝えるためである。そして13名のみんなにことばのもつリズムや音，声を出す楽しさを味わわせるためである。「わっしょい」というフレーズであれば気持ちが1つになれるであろう。そして一人ひとりがそれぞれの表現で参加できるであろう。何より私が子どもたちと一緒になって楽しめるであろう。そう考えたからである。

　題材は「おまつり」とし，リズムよくなじみやすいフレーズを考えていった。掛け合いの意味がわかるのが13名のうち3名程度である。掛け合いをわかりやすくするため「まつりだ　まつりだ」の部分は私1人が発し，それに続けて「わっしょい　わっしょい」を子どもたちに発声させるようにした。やはりはじめは，Uさんを含めほとんどが「まつりだまつりだ　わっしょいわっしょい」と全部を言ってしまっていた。それでも彼らが詩のもつリズムを楽しんでいることには変わりはないので「いいね」と評価をした。そのことで1人，2人と徐々に掛け合いができる児童が現れ始め，「わっしょい」の部分に声が重なり，友だちとの一体感が感じ取れるようになってきた。「まつりだまつりだ」の部分は一生懸命聞き，「わっしょい　わっしょい」の部分だけ声を出せるようになってきた。その面白さに気づき始めたのである。掛け合いを理解できないUさんはまだ全部のフレーズを言っていた。

エピソード14
仲間とともに「ことば」の世界を楽しむ授業づくり
―友だちと学び合う体験を―

> おまつり　（出典／北原白秋「お祭」より抜粋し，アレンジを加えた）
>
> まつりだ　まつりだ
> わっしょい　わっしょい
> まつりだ　まつりだ
> わっしょい　わっしょい
> みこしだ　みこしだ
> わっしょい　わっしょい
> みこしだ　みこしだ
> わっしょい　わっしょい
> わっしょい　わっしょい

　しかしそんなある日，彼の様子に変化が見られた。私が「まつりだ　まつりだ」を言っている間私の顔を注視し，拳にした両手を膝に押し当て，声を出すタイミングを待っているのである。そして私の言うフレーズに続けて「わっしょい　わっしょい」と大きな声を出したのである。周りの友だちの驚いた顔や，拍手を受けて，彼の表情が和らぎ，ガッツポーズと「やったね」ということばが自然に出ていた。そんな彼を見る友だちの顔も嬉しそうだった。もちろん私も！

④　集団の力ってすごい！

　この学習では私の地元のお祭りの様子をVTRで紹介して，お祭りやお神輿のイメージをもたせたり，手づくりのお神輿を「わっしょい　わっしょい」と担がせて子どもたち全員が参加できる場面を設定したりした。ICTを駆使した授業でもなければ，個別にスキルアップさせようとした授業でもない。45分間という限られた時間を，子どもたちがめいっぱい楽しんでほしい。学んでほしい。子どもの心が動く授業にしたい。その思いから生まれた授業である。段ボールのお神輿を友だちと2人で担いでいる子どもたちの表情はまるでお

Ⅶ章
楽しい授業を展開する②
教師の指導技術と授業展開

祭りを楽しんでいるかのようであった。お神輿を上下に激しく揺らせて笑ったり，バックに流れる祭囃子やお神輿の鈴の音を楽しんだりしている子どもたちを見て心から楽しいと思えた。教師冥利に尽きる瞬間である。創作詩「おまつり」という1つの題材に全員が乗っかって，その中でそれぞれが思い思いに楽しんでくれた。そこには友だちの存在がある。仲間がいるからこそ，その楽しさや喜びが共有できる。私はこれからも集団づくりを大切にした授業をつくっていきたいと思う。

（松永美和）

> エピソード14　解説
> # 教科・領域を横断して育つ「ことば」の世界

1　「ことば」の世界の楽しさの源を考える

　障害児のことばの指導では，どうしても生活に役立つ電話のかけ方などのスキルに目が向きやすい。このケースで教師はUさんに歌の掛け合いの面白さを感じさせようとする。しかし，ドリル的なことばの指導ではなく，歌遊びを通して取り組んでいるのになかなかその楽しさを味わうまでには至らない。楽しみたいというUさんの内面・切実な願いが理解できるからこそ，つい「楽しさを」と急いでしまう。

　「ことば」の世界の楽しさをテーマにしていても，国語という意識が頭にあるとつい教科指導が陥りがちな「追い込み」型の対応になってしまう。このケースでは，教科指導の発想を離れて，生活単元学習でのUさんが見せる接客の様子でのエネルギーに触れて，ことばの楽しさの源にある「やりとり」の大切さに気づいている。教科・領域を超え，横断して育つことばの世界の意義を省察したのだと考える。

2　文化の世界に参加し，行為を意識する「ことば」の意義

　「ことば」の指導だから国語で，という発想からではなく，このケースでは学校祭のかけ声に注目し，そこでUさんに感じさせたいことばの世界の意義がふまえられている。それは第一に祭りという総合的な文化の世界に参加しようとする意欲がことばを育てるという点である。そして第二には，「わっしょい」という行為を意識する楽しさを感じさせたいという願いが鮮明に示されている点である。こうした意義をふまえながら，子ども集団の楽しいトーンがことばを楽しむための土台になっていることも忘れてはならない。

Ⅶ章
楽しい授業を展開する②
教師の指導技術と授業展開

　しかし，こうした集団を土台にした文化への参加も，すべての子どもにとって意味のある活動になるわけではない。このケースのUさんもなかなかみんなと同じような活動に参加できない。それでも，きっとみんなと同じ願いをもつ存在であることを教師が理解し，Uさんの思いに気持ちを寄せている。たとえ祭の場面で意欲的なことばを発せなくても，子どもの可能性を理解しようとする姿勢が子どもにも伝わり，ゆくゆくは参加を可能にしていくことになるのである。このように教科指導という場を離れて，じっくりとことばの世界に誘おうとするゆとりが必要である。生活単元学習とは，成果を性急に出すというのではなく，祭という生活を楽しみつつ，子どもの可能性やことばの指導の意義をじっくりと省察する場だと考える。

③ 一人ひとりの差異をふまえる教科指導の構想を

　このケースでは祭りの活動を契機にして創作した詩を題材にしたことばの指導が展開されている。指導分野では教科に相当する。掛け合いの楽しさを土台にしたことばの世界に参加する学びである。

　全員で同じ題材を探究しているように見えて，実は一人ひとりが自由に表現する楽しさを追求しているのがポイントである。特にUさんは，掛け合いの世界にはなかなか入れない。それでも教師の様子を見ながらタイミングをとり，参加しようとしている。ここには全員での活動参加の裏側で個別の子どもの差異に応じて参加を促す丁寧な指導が構想されている。さらに掛け合いもはじめから全員ができるようになったわけではない。このケースでは差異がありつつ自然と掛け合いの渦ができていく様子が示されている。生活単元学習だけではなく，教科指導だからこそ，学びの効率を求めるのではなく，子どもたちの差異を大切にした学びのリズムがしだいに形成されていく過程を重視したい。

　このケースの取り組みの背景には，「ことばの指導」という実践のテーマをめぐって教科・領域を超えて何が大切かを常に議論する教師集団の力がある。伝統的なドリル型の指導に終始する発想を超える実践の方針，また「一斉の教科的指導だからこそ差異を鮮明に」という授業論の課題などが議論される教師集団をどう形成していくのか，その質が「ことば」の指導の局面を分析してい

エピソード14 解説
教科・領域を横断して育つ「ことば」の世界

く力になる。また，集団の大切さを強調しているわりには，そこに子どもたちを巻き込むトーンがないのも特徴である。多数の子どもたちの集団に同化するリスクを常に意識する姿勢が求められている。

　そして，指導する教師自身がこうした授業づくりの楽しさを実感し，さらに自己の教師生活の糧にして日々を過ごしていく教師のキャリア形成が今私たちに強く求められている。

（湯浅恭正）

エピソード 15
試行錯誤は学びのプロセス

　特別支援学級で，算数の授業に取り組んでいると，さまざまな試行錯誤が，その子の理解につながっているんだなと実感できることがあります。Vさんは，3年生の4月に通常学級から支援学級に転籍してきました。天真爛漫な明るい女の子です。「勉強は，苦手〜」「わかんない」というのが口癖。こちらに移ってきたあとの支援学級の授業でも，いつも連発していました。通常学級では，「わかんない」と担任の先生に言って，みんなとは違うプリントをしたり，宿題も配慮されたりしていたようです。数字や字を書くことは比較的得意で，苦にならない様子です。Wさんは，1年生の男の子。乗り物が大好きで，休み時間などは積み木を電車に見立てて遊んでいます。こうした2人と取り組んだ算数の授業を紹介します。

① Vさんとの算数の授業

　算数の授業では，どんな数も，1から数え，20を過ぎると確実でなくなる様子が見られた。たし算は答えが9までは指を使ってなんとかやっている感じである。数が大きくなればなるほど，大変になってくるし不確実になる。まずは，5のまとまりや10のまとまりの学習をして，数を量として見ることや量感を育てる必要を感じた。
　キューブのタイルを使って階段状に1, 2, 3, 4, 5と積んでいき，5になったらぐらぐらだから5タイルに変身する。6は5タイルと1, 7は5タイルと2……10は5タイルと5, 5を5タイルに変身させ，5と5で10タイルにさ

らに変身する。といった，操作を物語にして展開する授業を行った。

　何をするときにも，「わかんない」「むずかしい」となかなか取り組めなかったＶさん。物語のストーリーを再現すればよいということがわかってからは，進んで前に出て操作するようになってきた。数を数える課題も，たとえば６個のものは，５のまとまりと１といったように見ていくと間違いが少なくなった。こうした学習から少しずつ自信をつけていった。

　10より大きい数の学習に進み，たとえば「13」は，「10タイルが１本とバラのタイルが３こ」で，10タイルは10の位に，バラのタイルは１の位に置くように，位取りの表で学習した。11〜19の数をタイルを使って位取りの表で学習し，数を表せるようになったところで，たし算の学習に進んだ。「たすマン　登場」という物語で，「合わせる，がっちゃんこする」といったたし算のイメージをしっかりつけた後に「たすマンの父，登場」という物語で，くり上がりのあるたし算に取り組んだ。筆算の形の位の枠に実際にタイルを置いて数を足していく。

　はじめは，たとえば「６＋７」のとき，まず「１，２，３……６」「１，２……７」と１つずつ数えて，タイルを置いて，５個のタイルを５タイルに変身させて，「５と１」「５と２」を置く，といった手順でやっていった。タイルを１から数えて正確に置くのに時間がかかり，疲れてしまうこともあったが，５タイルに変身する操作を繰り返しているうちに，あるとき，「あっ」と言って，５タイルをパッと手にして，５と１を置くようになった。「なあんだ，こうやればすぐできるね」と笑顔を見せる。５タイルと５タイルで「５と５で10，10タイルに変身してお引っ越し」と確実に答えを出せるようになってきた。しかし10の位の１が何を表しているのかはまだまだ迷ってしまう感じであった。

② 操作活動を丁寧に，自分なりのやり方を見つける

　その後も丁寧に操作を大事にした授業を展開していった。「26タイルを持ってきて」と言うと，10タイル２本と５タイル１本とバラを１つ持ってくるようになり，大きな数も少しずつ抵抗感がなくなってきた。それでも，「わからない」「苦手」「むずかしい」という学習へのイメージは強く，ちょっと考えれ

Ⅶ章
楽しい授業を展開する②
教師の指導技術と授業展開

ばできることも「わからない」と投げ出してしまったり，「むり」と最初から諦めてしまうことが気になった。

　何か「これさえあれば，できる」というお守りのようなものができたらいいなと考え，キューブやタイルを使っての操作を大切にし，位の理解が進むように学習を展開していった。たし算をして10になったら10タイルに変身して隣の位に引っ越すことがイメージできるようになったころ，ようやく「タイルがあれば，答えが出せる」という自信をもち始めた。

　学年が進んでいくにつれて，「タイルがあれば答えは出せるけど……」という様子が見られた。プライドもある様子である。ただ，やっぱり筆算の数字だけでは計算できないVさん。頭の中に数を置いてイメージすることは難しいようであった。ある日，「先生，指って10だね」とつぶやいた。タイルがないとき，指を代用として使い始めた。でも，足す数，足される数が5より大きくなってしまうと困っていた。そのうち，足す数を指で用意し，足される数を口で言ってから足す数を数えて足すようになった。足す数が6のときはぱっと片手と1を出している。1ケタ＋1ケタの計算はタイルがなくてもできると自信がもてるようになった。筆算での大きな数のたし算（2ケタ＋2ケタ，3ケタ＋3ケタ）もそれで解決するようになった。

　それまで，指を使わないでできないといけない，「数え足し」では答えは出せても意味がない，といった先入観があったのだが，頭の中に数が置けないタイプの子どもに，むやみに指を使うなと言うことは自信を失わせることにもなると気づかされた。これならできるというものを子どもが見つける。その見つける手伝いを私たち教師はするんだということが大事なんだと思わされたケースであった。

③ Wさんとの算数の授業

　グループの算数の時間に「GOGOれっしゃ」という単元に取り組んだ。算数の学習は，ストーリーにのせて，小集団（3人から6人くらい）で行うことを基本にしている。ストーリーを使うのは，さまざまな発達段階や学習課題をもつ子どものグループで授業を行う際に，学習を共有できるという利点があ

エピソード15
試行錯誤は学びのプロセス

る。同じストーリーを使いながらも個々のねらいとする課題を変えることで，友だちと一緒に学習を楽しんだり，考えたり，真似したり，正解にたどり着いたりできる。

「GOGOれっしゃ」のストーリーは，駅にお客さんがいて，そのお客さんの数にぴったりの列車が来ると出発できるというものである。

駅にお客さんが3人いる。向こうから1列車が「いち，いち，いち，いち，いちいちれっしゃ」と歌いながらやってくる。お客さんが1人「わーいやったあ」と乗るが，他のお客さんは乗れずに「えーん」「えーん」と泣いてしまい，最初に乗ったお客さんは「ごめんごめん」と降りる。

次に向こうから2列車が「にー，にー，にー，にー，にーにーれっしゃ」と歌いながらやってくる。お客さんが「わーいやったあ」「わーいやったあ」と2人乗るが，もう1人のお客さんは乗れずに「えーん」と泣いてしまい，乗った2人のお客さんは「ごめん」「ごめん」と降りる。

次に向こうから3列車が「さん，さん，さん，さん，さんさんれっしゃ」と歌いながらやってきて，3人のお客さんが「わーいやったあ」とそれぞれ乗り，「しゅっぱーつ」と発進していく。

はじめに紙芝居を読んだあと，教師がストーリーと同じように，ペットボトルで作ったお客さんと牛乳パックで作った列車で再現していき，その後，子どもたちにも同じようにストーリーを再現していった。

3回目の授業くらいから，「問題」と言って，乗せるお客さんの数を教師が変えて駅に置くようにした。子どもたちは，車庫に見立てた机の上の列車の中からお客さんの数にぴったりの列車を選んでくる。お客さんの数と列車の数

Ⅶ章
楽しい授業を展開する②
教師の指導技術と授業展開

がめでたくぴったりだったら，乗せて「しゅっぱつ」となり，教室を1周走らせるようにした。

Wさんは，列車にお客さんを乗せて，走らせるということは理解しているようであった。

はじめのころは，手に取った列車をとりあえず持ってきている様子であった。一緒にお客さんを乗せてみて，ぴったりでなかったら，「ブッブー」と言って，やり直してもらうということを繰り返した。偶然ぴったりになって，列車を走らせることができると満面の笑みであった。

④ 試行錯誤の中で活動に変化が

次第に，手に取ったものをとりあえず持ってくるのは同じだが，自分でお客さんを乗せてみて確かめるようになってきた。ぴったりでなかったら，「あー」と言って戻っていく。ぴったりかぴったりでないか，自分で確かめられるようになった，というのが大きな進歩であった。ぴったりになるまで，何回でも往復していた。

さらに，だんだん，「だいたいこれかなあ」と選んで持ってくるようになった。足りないとか多いとか，途中で気づいて違う列車を取りに行き，ぴったりの列車を見つけるようになった。「1，2，3……」と数えるような様子も見られた。

自由にやらせていくうちに，「むむっ。わざと間違えている!?」という様子が見られるようになった。お客さんが乗れずに「えーん」と泣くのを楽しんでいる様子であった。「わざと間違って楽しむなんて高度な!!」と感心した。

ある程度，授業を重ねたところで，「チャンスは1回だけ」とした（間違ったら，次の子に交代というルールにした）。最終的には，列車を走らせたいWさんなので，お客さんの数を「いち，に，さん」と数えてから列車を取りに行き，列車も「いち，に，さん」と数えて持ってくるようになった。実際にお客さんを列車に乗せてみてぴったりになるのを確認して，満面の笑みを浮かべ「しゅっぱーつ」と列車を走らせていた。

言語でのコミュニケーションが，まだ，なかなか難しいWさんであるが，学

エピソード15
試行錯誤は学びのプロセス

習を継続する中で，課題が何かわかり，自分で考え，楽しんで授業に参加するようになった。3人までのお客さんならぱっと見て正しい列車を選ぶようになってきた。4人，5人のお客さんのときは数えたり，やってみたりしながら正解にたどり着くようになってきている。

　試行錯誤を繰り返しながら，徐々に理解が深まっていく，という2つの事例を紹介した。操作活動があることで，子どもの試行錯誤を指導者の側も見ていけることが大きいと感じている。これからもこうした試行錯誤を大切にしながら授業を進めていきたい。

（古林基子）

エピソード15 解説
「わかる手応え」を味わうのが教科指導

1 学びの手応えを引き出す

　通常の学級で進められる算数の授業に困難さがある子には「とにかくプリントの反復ドリルで」といった対応がまだ続いている。戦後も70年を過ぎるがこうした対応が残り続けている。このような対応では障害児に学ぶ手応えを感じさせることはできない。このケースでは，支援学級の算数の授業で「操作を物語にして展開する」方法が選択されている。「たすマン」「GOGOれっしゃ」といったキャラクターの登場等で子どもを学びに誘う構想である。教師がこうした方法を選択したのは，算数科教育で開発されてきたタイル教具の歴史的意義がふまえられているからである。そして，教具論を中心にして障害児教育の算数を推進しようとする実践の研究集団での議論が基盤にあるからである。

　もちろん物語性のある教具を使用してもすぐに学びの手応えが引き出されるわけではない。1つには「がっちゃんこ」「ぴったり」といったリズム表現と結合して「足す」操作を指導していること，2つには時間がかかる操作の過程で粘り強く子どもの発見を待つ姿勢で指導していること，この2つの視点があるからこそ，子どもは手応えを得ていったのである。「タイルがあれば答えが出せる」という声のように，タイルという「教具」を子どもは「学びの道具」として身につけていったのである。

2 身体で「わかること」の手応えを実感する

　興味深い教具を使いつつ学びの手応えを味わうためには，数や量の世界を「わかる」視点が不可欠だ。物語性のある教具が単に遊び的な道具にとどまって，「数の操作を楽しめたかどうか」といった評価で支援学級の授業が分析さ

エピソード15 解説
「わかる手応え」を味わうのが教科指導

れたりする場合が多いからである。5のタイルに変身するという操作も，最初は遊びの感覚で取り組むのだが，次第に5という量の世界を実感してわかる変身の操作にまで子どもの意識をどう高めていくのかが問われている。

このケースでVさんが「あっ」ということばとともに操作「できる」ようになる，そこには量が「わかる」ようになった事実が示されている。障害児にとって「わかる」手応えを味わえるようになるのはそう容易なことではない。このケースでは「指」を使って操作することによって筆算での大きな数の計算に至らせている。しかし，つい「タイルから指は後戻りではないか？」などと考えがちである。いつまでも指で計算するのは数や量がわかっていないからだと否定的に解釈してしまう。Vさんは指の代用を通して5や10の世界を実感し，操作する楽しさを味わっている。「これならできる」という実感をもたせる，そこに「わかる」ことの手応えを味わうための大切なヒントがある。「GOGOれっしゃ」で「だいたいこれかなあ」と見通しをつける力——そこには操作を通して「わかる」過程に気持ちを向け出した子どもの姿が見える。

「わかる」世界に見通しができて，確かなものになるとこのケースのように「ぴったり」になるのをわざと間違えて操作する子どもも出てくる。「できる」ことがさらに豊かになっていくのである。このように「わかる」ことと「できること」が螺旋的に発展していく過程の面白さを支援学級の指導者は味わうことができる。

③ 「みんなとともにわかる」学びをつくる

支援学級での障害児に対する数や量の指導では個別の対応事例が多い。このケースではグループで算数に取り組んでいる。その意味は第一に物語の世界をともに楽しむ学びの場をつくろうとするからである。工夫された教具を集団の中で操作する楽しさが，自信や意欲をなくしがちな子どもの自己指南の力に作用する。「チャンスは1回」といった緊張感をもたせて，学ぶ意欲をかき立てようとするのも，みんなとともに学ぶ場の面白さをつくり出そうとするからである。

第二には数や量の「わかる」過程で生ずる個々人の試行錯誤が，単に個人の

VII章
楽しい授業を展開する②
教師の指導技術と授業展開

問題ではなく,ともに学ぼうとするみんなの課題でもあるという視点で授業を組み立てようとするからである。このケースでは,友だちが迷いながら「ぴったり」を捜す様子を周囲の子どもも見つめ,自分の迷いと重ねて学ぼうとしている。もちろんいつでも同じ試行錯誤を共有できるわけではない。特別なつまずきには丁寧な個人指導が必要になる。そこでつけられた力がともに学ぶ仲間の中で発揮できる場をどうつくるのか,そこに集団としての学びの意義がある。

(湯浅恭正)

Ⅷ章

キャリアにつながる学びを生み出す授業づくり

エピソード16
感じる力を育む美術の授業づくり

描くことに自信のない生徒は，自らの表現を内面に閉じ込め，なかなか表に出せないでいることがあります。こうした生徒が自信をもち，表現できるようにするために，美術の指導はどのようにすればよいのでしょうか？臨床美術*の視点から取り組んだ実践を紹介します。

１ 自信のないXさんの美術での様子

　Xさん（知的障害特別支援学校高等部２年・男子）は周りの人の様子を見ながらその人と同じように行動していることが多いが，どうしたらいいのかを質問したり，確認したりするとほぼ理解している。美術の授業では，周囲をよく見ていて，手本や友だちの作品に似せて制作することが多い。鑑賞の場面では自分の作品を見つけられないことがあるが，友だちの作品は誰が描いたのかを覚えていることがある。

　この姿から，作品は「こう描きたい」という自身の思いが少なく，手本や友だちの作品と同じように描くことに集中しているのではないかと感じた。この生徒に自信をもって，「自分の活動」や「自分の表現」で作品を制作してほしいと考えた。将来は，自分で判断して行動したり，周囲に表現したりすることが求められると考える。臨床美術の視点に基づき，「表現すること」と「お互いを受け入れ合うこと」を目的とすることで，自己肯定感や判断や表現への自信を育成していきたいと考えた。

エピソード16
感じる力を育む美術の授業づくり

② 真似をするだけでいいの……?

　美術の時間にワシリー・カンディンスキーの「円の中の円」を例示として，円や線の抽象画を描く活動を行った。
　制作時に例示を見たいとXさんから要求があった。「自分の作品づくりでいいのよ」と伝えるが，納得しないようであった。その後は自信がないのか，どのように描こうかをじっと考えているのか，手を止めて周囲を見ていた。Xさんに活動を促す支援を行うと作品づくりの誘導になるのではと考え，「それぞれでいい」ことや「自分の好きな色と大きさ，形でいいこと」を全体へのことばかけとして伝えた。徐々に表情が穏やかになり，オイルパステルに手を伸ばした。隣の友だちが赤を手にして渦巻状に描くと同じように描き，反対の友だちが色を変えると同じ色のパステルを手にしていた。そのとき，Xさんの表情はよく，安心した様子で力強く描いていた。また，離れた友だちを教師が称賛するとその描き方を聞いて同じように描いていた。いろんなアンテナを張りながら「正解の作品」や「誰かと同じ作品」をつくりたいと考えているのだと感じた。
　鑑賞では自分の作品を見つけることは難しく，友だち2名の作品を当てることができた。

③ 自分の感覚への気づきと「違っていい」という気持ち

　美術の授業では作品をつくることを強く意識しているのではないかと想定し，休み時間にクラスメイトと一緒に「(描いて)伝えてみよう」という表現活動を行った。粉状のシナモンを触ってその感覚を色や形に表し，その上に香りの印象を描くという，一つひとつの感性を重ねながら作品づくりを行っていく活動である。
　隣の友だちがシナモンを触り，「さらさら」と言って画用紙の上にやわらかく色を乗せていく。その様子を見て同じ色を取って塗っていく。同じ色という安心感からか力強く描いていく。次にシナモンの香りを1人ずつ試していく。

Ⅷ章
キャリアにつながる学びを生み出す授業づくり

写真1　自ら色を選んで描くXさん

写真2　自分の作品に満足の表情

ある生徒は苦手な香りだったようで顔をしかめている。他の生徒は首をかしげてパステルを手に取る。Xさんにとってシナモンは好きだったようで香りを楽しみ続けている。その後，目を輝かせ，周りを見ずにまっすぐにだいだい色のパステルを手に取った。他の生徒にとっては不快な香りが，Xさんにとっては好きな香りであったという違いに何かを感じた様子であった。見たり味わったりしたときには，友だちと同じ色で描いていたが，香りの活動では表情よく，Xさんなりの表現が画用紙の上に見られた（写真1）。

鑑賞では，友だちの作品も覚えていたが，自分の作品を見つけることができた（写真2）。

この活動では，「自分がどのように感じたのか」や「友だちと違ってもいいこと」に気づき自信の基盤がつくられたようで，活動後に隣の学級の友だちに作品を見せに行く姿が見られた。

④ 「自分のままでいい」という気持ちがあるといろいろ見えてくる

美術の時間に「りんごの量感画」の作品づくりを行った。りんごを持って重さを感じたり，皮の色だけでなく中身の色や香りなども感じたりしながら色を重ねていく作品づくりとなる。全体へ「自分の見える（感じた）色を重ねていこう」「自分の色は友だちと同じでも違っていてもいい」等と伝えることとした。

エピソード16
感じる力を育む授業づくり

写真3　繰り返し自分の感性と向き合うXさん　　写真4　自信をもって集中する様子

　はじめは，友だちの使う色を見て同じ赤のパステルで描き始めたが，赤以外の色を感じたようで，りんごに手を伸ばして握ったり嗅いだりし始めた。自分の感性を信じようとしているのだと感じ，描き始めるのを見守ることとした。何度も触ったり，嗅いだりしていると（写真3），半分に切ってある果肉の断面を指さして「ここ色が違う（ように感じる）」と自分なりの色を見つけて喜んでいた。その後，黄，茶，緑，青と次々と色を重ねていった。また，「ここがぶつぶつしている」とつぶやきながら描き続けていた。最後に細かい傷や光などを書き込むために鉛筆でパステルをひっかく活動に変わっても集中し制作し続けていた（写真4）。
　鑑賞の場面では，作品が並んでいる中から，「ぶつぶつしているのは，ぼくの！」と自分の作品を見つけることができた。

⑤ 表情や表現の変化から行動の変化へ

　具体的な技法や色使いの称賛を控え，「個々の表現が素晴らしい」ことや「自分の色や形がよい」などのことばかけをクラス全体へ行うようにした。さらに，鑑賞の場面では素敵だと思う部分や好きなところなど，鑑賞する人が自分自身の感覚で作品を味わっていることを尊重して伝え合うようにし，「上下」「○×」の評価をされない安心する雰囲気づくりを行った。
　Xさんは，「よい作品」をつくりたいと考え，見本や周りの人の作品に似せ

て描く経験を積み重ねてきたのではないかと感じた。しかし，評価されないことや，「好き」「綺麗」「よい」という個々の感想を聞く中で，自分で「描きたいもの・描きたいこと」に向き合うことができたのではないかと考える。この「自分」という気持ちが入ったことで作品に愛着が生まれ，Xさんの表現が見える作品が制作されたと考える。

　生活面においては，自分の判断で行動する姿が徐々に見られるようになってきた。授業前に「やります」と言って教材を運んだり，欠席者を伝えたりするようになった。学級やコースの友だちの中で自信がもてるようになってきたためであると考える。今後の汎化につなげるためには，さらに大きな集団の中でXさんが安心や自信をもって活動し，自分自身を感じて認める経験が必要であり，その広がりがXさんにとっての今後の課題であると考える。

　　＊　『臨床美術』および『臨床美術士』は，日本における㈱芸術造形研究所の登録商標です。

（半田彩子）

エピソード 16　解説
表現はスキルではなく，感性の交流

1 人と違うからこそ表現したくなる

　描くことに苦手意識をもっている生徒に対して，「描いてごらん」と働きかけ，「うまく描けているよ」と褒めることで自信をもってもらうことを意図した指導はよく見かける。こうしたアプローチは必ずしも間違いだとは言えないが，エピソード16の実践を見ると，描くことが苦手な生徒の内面をもっと深く理解することが必要であると思われる。

　それは，描くことが苦手な生徒は，単に描くスキルが未熟だから上手に描けないのではなく，自分の内面にある「思い」を他人に暴露することに対する不安が大きいのではないかということである。そもそも，表現というものは人と違うからこそ描いて伝えようとするものであるはずなのに，どこかに「正しい描き方」というものがあるかのような図工や美術の指導を受けてきた生徒にとっては，自己をさらけだして描くことができなくなってしまう。そうした中で，「どう描いたらいいのか？」と自問するようになり，「書く方法」を見つけるといったスキルの問題へと課題がすり替わっていくのだと考える。

　こうした表現の落とし穴にはまらないようにするためには，まず，教師が生徒の内面にある「本当の気持ち」を探り当て，「人と違ってよい」ということを伝え，心理的な壁を取り払うことが必要である。

2 表現するためには「鑑賞すること」が大切である

　人は解放された気持ちになると，自分なりに感じ取ったものごとを他者に伝えたいと思うようになる。ただし，このとき，「人にはもともと表現したいものがある」といったとらえ方も少々，疑問が残る。

表現するということは，その人が感じ取ったことを形にするものではあるが，あくまでもそれは経験したことや目の前に存在する「ものごと」を見たり，感じたりしたことをもとにして表現されるものである。そのため，心理的な壁を取り払ったあとには，「ものごと」と十分に向き合うことが表現するためには大切である。

　この点については，エピソード16においても，「『自分のままでいい』という気持ちがあるといろいろ見えてくる」という節の中で紹介されている。心理的に気になっていたことを取り除き（切断し），気になっていた「ものごと」に集中して向き合うことができるようになったからこそ，人と違うその人なりの感性で「ものごと」をとらえることができるのだと考える。

　このように考えると，表現の本質とは，「鑑賞すること」であると言える。つまり，上手に描けるようにスキルを教えることが基本なのではなく，興味をもった事物をその人の感性で鑑賞し，その人なりの解釈を加え，それを人に伝えようとすることが大切であると考える。

3 感性の交流を通して生活が変わる

　上記のような美術の実践を通して，表現できるようになると，人と感性を交流することが可能となる。わかりやすく言い換えると，興味のある「ものごと」を自分なりに表現すると，その表現を受け止める人が生じ，そうした人がいることを知った表現者は，心理的に安定するというような循環的な関係（交流）が生まれるのである。

　これは，表現者は一方的に誰かに伝えているというわけでなく，表現を受け止めた人から「受け止めた」というメッセージを返されることで，心理的にさらなる安心や安定が得られるということである。そして，そうした安定は単に美術の授業の時間だけでなく，その生徒が過ごしている他の空間や時間にも波及していくものであろう。

　このように，教科学習には日常生活と異なる空間で展開されるものであるが，その時間の中でもたらされた変化が日常生活の空間にも入り込むものだと言える。特に，美術のような芸術系の科目にはこうした波及効果は生じやす

エピソード16 解説
表現はスキルではなく，感性の交流

い。ちょうど，大好きな美術館や音楽のコンサートに行ったあと，「元気が出たから，明日からがんばろう」という気持ちになることと同じであると言えるのではなかろうか。

　エピソード16で展開された教師と生徒の交流は，こうした点を私たちに気づかせてくれる。すなわち，生活の中でさまざまな困難を抱える特別支援教育の対象児にとって，生活の中で適応できるスキルを覚えさせようとする前に，描きたいと思うものを思いのままに表現させ，「そのままの自分でよい」ということに気づかせることが大切であると考える。特に，美術などの芸術系の教科学習は，表現活動を通した他者との交流が安心感へとつながり，それが共同的な生活の基盤へと発展していくのだと考える。　　　　　（新井英靖）

エピソード 17
葛藤を通してアクティブに学ぶ

　ここでは,「障害の程度にかかわらず,集団の中でよりよく暮らしたり,働いたりすることができる生徒を育成することが大切である」という考えから,「関わり合いを育てる作業学習」という研究テーマを掲げ,授業づくりを進めてきた取り組みを紹介します。今回紹介する基礎重視類型のサービスB班では,「状況の中で納得し,自分の気持ちに折り合いをつけ,譲るときは譲り,前向きに作業に臨む集団になること」を目標とし,その手立てとして作業分担のための話し合い活動に挑戦しました。

① 話し合いなんて……この集団ではやっぱり無理かなぁ

　ここで取り上げる事例は,作業をこなすことはできるが「やりたいことをやりたい。苦手なことはやりたくない。やりたくないことはやらない」という,やりたいことへの気持ちが強すぎるため,自分の意にそぐわない要求を受け入れることが困難な生徒たちであった。そのため,自分をうまくコントロールできずに「気持ちに折り合いをつけられない」「行動がストップしてしまう」「基本的に譲り合いは見られない」集団であった。

　生徒同士での話し合いでは,リーダーを中心にそれらしく始めるが,自分の意見を主張するばかりで他者への意識が低く,やりたいことの発表会のようになってしまうばかりであった。教師各々の気持ちも,「作業時間に話し合い活動をして納得なんて学ぶことができるのかな?」「週2回ある作業の時間で技術面を伸ばさなくていいの?」「作業の時間で話し合いばかりに時間をとって

エピソード17
葛藤を通してアクティブに学ぶ

いいのかなぁ？　そもそも，話し合いってどれだけ時間をかければいいのかな？」「他の先生が見たら何て言うかなぁ，何て答えようかな……」と不安な要素ばかりであった。話し合いなんて無謀なことを始めようとしている予感があり，話し合って納得して気持ちを変えられるようになるなんて，できそうもないように感じられた。そんな中でも，なんとか話し合いを進めるためのきっかけをつくろうと考え，話し合いにおける1つ目のルールとして「前回とは違う作業をしよう」と設定し，生徒たちに伝えた。

② かすかな光明──ルールの理解と仲間との関わり

　最初に，ことばだけの指示ではなく，視覚的にも理解しやすいような教材として，希望の作業種に顔写真を置けるボードと取り組んだ作業が記録として残るような色別シールを貼る一覧表を準備した。はじめは，それでもやりたい作業を強引に決めようとして，先に希望の作業種にさりげなく自分の顔写真を置いてしまうYさん，友だちの顔写真をずらすZさん，周りを見回しながら何やら微笑むA´さん，リーダーとしてなんとかしようと焦るB´さん……。平行線のままでなかなかまとまらないことが続いた。

　しかし，1カ月ほどすると，生徒たちは少しずつシールの意味を理解してきた様子で「前は黄色だったから，今日は違う色だよ」や「前と同じ色になっちゃうよ」など，ルールを意識し，リーダーを中心に一覧表を見ながら考えようとする姿勢がグループ全体に見られるようになってきた。すなわち，共通の決まりが意識され始め，少しずつ話し合いの形が見えてきた。

　その後，回を重ねるごとに，どうも同じ人が希望する作業を譲っていることに気がついた。そこで，2つ目のルールとして「譲った人は次の回に，やりたい作業を優先して決めることができる」ようにした。具体的には，譲った人には☆マークのシールを渡し，次の作業分担時に確認できるようにした。その結果，☆マークの権利を使う経験を通して，譲ることに対しての拒絶感が減り，「次回は○○の作業ができる♪」という前向きな発言が聞かれるようになった。

　さらに，次の作業時は「作業決めが楽しみだ」という明るい様子で話し合いに向かう姿が見られるようになった。ある日，いつもニコニコ微笑みながら他

の3人を傍観している様子のA´さんが自分の希望を変更してくれたおかげで，話し合いがスムーズに進むということがあった。A´さんは，実はとてもよく話し合いのルールや状況がわかっており，まさに「損して得とれ」という行動をみんなに示してくれた。その行動に対して，各々が感謝のことばを口にし，よい表情で作業に向かうことができた。特にリーダーのB´さんにとっては，話し合いを進めるための新しい糸口を1つ知る経験となった。

　そのような中で，仕事量の状況から分担の人数を決めているため，希望作業が重なってしまい，誰かが譲らなければならない状況が生まれた。ある日，教師からの働きかけもあり，今までその作業種に取り組んだ回数の多いYさんが今回は譲ってあげたらどうかということになった。しかし，納得できない様子で下を向き，首を左右に振り続けるYさん。そんなときに別の教師から「Zさん，Yさんに声をかけてあげたらどう？　一緒にやろうって」という働きかけがあった。Zさんはそれに快く応じ，自分の席を立ってYさんの近くに行き，肩をトントンと優しく叩き，不明瞭ながらも「一緒にやろう」と声をかけてくれた。

　2人はダウン症のある女子生徒で，状況を察したりすることは得意であるが，頑固な一面もあった。どうなるか不安な面はあったが，いつものように教師から言われる状況ではなく，先輩から優しく言われることでかたくなな気持ちが切り替えられるのではないかと考えた。結果としては，先輩のZさんからの声かけに嬉しくなったYさんは，希望を示している顔写真を移動させ，やりたかった作業を譲ることができた。一緒に作業できることは嬉しく，さらに声をかけられたことがきっかけとなり，前向きに気持ちを切り替えることができたのではないかと思う。仲間と一緒に励まし合いながら働くことの楽しさに期待感をもち，行動に移ることができたように感じた。

③　「葛藤」を通してお互いに学ぶ

　以上のような，話し合いを通して自分の気持ちが揺らぐ経験をしていく中で，さらなる変化が生じるようになってきた。12月の終わりごろ，話し合いがまったくまとまらず，生徒も教師も少々お手上げ状態の日があった。結局そ

エピソード17
葛藤を通してアクティブに学ぶ

の日は，作業学習の2時間をまるまる話し合いだけで費やしてしまうことになりかけた。しかし，タイマーがあと1分を示したときに，Zさんが「譲る」という選択をした。この反応には，諦めかけていた教師たちも驚き，同時に，この時間が無駄ではなかったと感じることができた。

　このとき，教師から「次回は全部の時間，作業をしよう！」と提案すると，作業をすることが大好きな生徒たちは，とても嬉しそうな表情でみんなうなずいてくれた。作業の時間だから作業をすることが何より大事だと考えがちだが，長い目で見るとそうでもないのかもしれないと実感することができた。

　生徒たちは，同じ話し合いの場面でも，「やりたい作業ができるときもあるし，できないときもある」という経験を重ねたことで，「やりたいことをやることだけが絶対ではない。次回もあるし，ま，いっか！　今回は譲ろう」という気持ちになり，幅のある選択肢の中から選べたりする「やわらかい心」が見られるようになった。そして，話し合いを通してグループのみんなが納得し，自分たちで決めた作業分担に意欲をもって取り組めるようになった。

　また，作業学習を運営する側面から見ても，「前回とは違う作業をしよう」というルールにより作業経験の幅が広がり，できる作業が増えることから，もし誰かが欠けても補い合えるというメリットも生まれた。それにより，できることが増え，反省の発表等を聞いていても，徐々に作業への自信が芽生えてきているようにも感じられた。

　教師も指導を経ながら，生徒を信じて託す，見守る際のゆとりが生じたり，生徒へのことばかけがシンプルでわかりやすいものになったり，生徒の反応に応じて柔軟に指導を変えるなど，バリエーションを増やしていくことができた。当初は無理かもしれないと思っていた話し合い活動が，生徒の内面に働きかけ，葛藤する機会を与えてくれる場となり，生徒の学びにつながった。そのことにより，費やしてきた時間や取り組んできたことは間違いではなかったと，取り組みに価値を見出すことができた。

④　ねらいを見失わないこと——つながる学びの場

　こうした作業学習の実践を通して，ねらいを見失うことなく授業と向き合う

ことが大切だと感じることができた。今回は，作業をすることが目的ではなく，将来に向けて，今，身に付けてほしい力を大切に考えていけたことがよかったと考える。ただ作業に向かわせるのではなく，やりたくなるようなしかけや成功体験を味わえるようにしていくことも大事な点であった。

　話し合いは葛藤を生み，自分の気持ちが揺らぐ場となることから，自分の気持ちを前向きに変えていくこともできる深い学びとなったのだと思う。この経験を活かして，生徒は卒業してから生活したり働いたりする場でより円滑な関わりを，教師はこれからも状況に応じて柔軟に指導できる力を高めていけたらよいと考えている。

（岡部綾子・城田和晃）

エピソード17　解説
「主体的な学び」を生み出す授業づくりの方法

1 「主体性」を生み出す作業学習の実践とは？

　特別支援学校の作業学習ではいくつかの役割をグループのメンバーで分担して取り組むことが多い。このとき，作業学習で用意された役割を生徒に意識させるために，ホワイトボードに役割を表にして書き出し，その隣に生徒の顔写真を貼るという実践をよく見かける。

　しかし，実際に，そうした実践では主体的に活動しない生徒もいる。これは，「自分の役割」についてリアルに理解できても，「それを真にやってみたい」と思っていないからだと考えられる。つまり，作業学習において自分の役割を心の底からやってみたいと思えるような「主体的な学び」を生み出すためには，「やりたいこと」と「作業学習でやらなければならないこと」との境界を行き来するような実践を展開しなければならないのである。このことは，エピソード17の実践で，役割を決めるときに「自分で選ぶ」ことと「みんなで決める（調整する）」ことを融合した状況を生み出していたことを見るとよくわかる。

2 学びの「一体性」を重視する

　誤解のないように指摘しておくが，ただ単に「選び」「みんなで決める」という状況を生み出せば，自動的に「主体的に活動できるようになる」というわけではない。その状況には，どうすることもできないジレンマやしがらみがあり，自らの思いと他者の思いが表現され，それぞれが満足や悔しさ，嫉妬やずるさなどが錯綜する中で初めて主体が浮き立ってくるのだと考える。

　こうした授業への「参加」は，単なる「役割を与えられる（take part in：

participation)」というものではない。むしろ,「他者の活動や他者の考えの中に巻き込まれる (become involve in an activity：engagement)」という状況の中で活動することが必要であり,そうした中で,ぼんやりと顕在化してくるものが「主体性」なのだと考える。

　この点に関して,エピソード17で紹介された作業学習では,「やりたい作業」がそれぞれにあり,それを自分の思うとおりにもっていこうとする人もいれば,かたくなに譲らない人もいた。実際のところ,役割決めをしている生徒からすれば,「その仕事は嫌だ」と懸命に避けようとしている場面であったかもしれない。

　そのため,こうした生徒の「学び」のプロセスを解釈すると「役割を意識する過程」ではなく,「役割から逃れようと必死でもがいている過程」であったと言うほうが正しいのかもしれない。しかし,こうした時間も「主体性」(つまり,自分の役割を意識し,活動に能動的に参加しようとする「私」)を浮き彫りにするための重要な過程であったのではないかと考える。

③ パラドクスの中で発揮される教師の指導性

　ここで重要なことは,エピソード17の実践を振り返ると,専門家である教師が理想的な行動を生徒に示し,そうした行動を獲得できるように意図的に仕組まれた「特別な支援」を行うという(特別支援教育的な)指導ではなかったということである。むしろ,作業学習で生徒たちが「やりたいこと」を主張することを保障したうえで,やりたいことを主張すればするほど「譲る」はめになるといった一種のパラドクス(矛盾)を教師がつくり出していたと考えられる。

　そして,こうした矛盾から解放されるためには,教師自身が「知識の特権的所有者であるかのようにふるまわないこと」が重要であると考える。すなわち,生徒たちが「やりたいこと」を主張するその現場に教師も入り込み,「しょうがいないなぁ」とつきあいつつ,「このままだと作業が始まらないよ」というように当事者の1人として議論に参加し,話し合っているメンバーの自己調整機能を働かせようと関与していたことが生徒の変化をもたらしたと考える。

エピソード17 解説
「主体的な学び」を生み出す授業づくりの方法

　もちろん，こうした「実践」はいつもうまくとはかぎらず，教師も生徒の会議の中に埋め込まれ，試行錯誤を繰り返していた。たとえば，役割決めを何分間続ければ，生徒たちが納得のいく結論にたどり着くのか，どのタイミングで生徒たちの議論に入り込み，どこまで見守るのか，どこにも「正しい指導マニュアル」はなく，教師にとって「暗中模索」と「不安」ばかりが充満する指導が展開されていた。こうした一見，何ら「スマートな特別な支援」ではない，不安定かつ不器用な対応こそ，生徒の内面を変化させ，主体的な学びへと発展させる契機となったのだと考える。　　　　　　　　　（新井英靖）

エピソード 18
企画し，実践する中でコンピテンスを育てる実践
―変化する状況への対応が苦手なC´さんの変容を中心に―

　本校中学部の生徒は，学級内では「人と関わる力」を発揮できるのですが，集団が異なると緊張や経験不足などから何をしていいのかわからなくなり，その力を発揮できない傾向にあります。そこで，本校ではコンピテンスの考え方を参考にして，「変化する状況の中で，自らの役割を果たすこと」「複数の場所から同時に情報が与えられ，最も有効な方法でそれを使いこなすこと」をもとに，前述の児童生徒の実態と照らし合わせ，「変化する状況（いろいろな人や地域との関わりの中）で情報を整理し，自分のもてる力を発揮して自らの役割を果たすことができるような能力」を育むべく実践を行うことにしました。

① C´さんについて

　C´さんは，中学部から本校に在籍している。入学当初は，教室に入ることが難しく，写真に写ったり人前で話したりすることを極度に嫌がっていた。また，自分の気持ちを話す場面もほとんど見られなかった。C´さんが教室に入るきっかけとなったのは，毎日休み時間に話をしてラポートが築けつつあると感じた入学2カ月後にC´さんと2人で話す機会を設け，「もう，教室に入らないとか，写真に写らないとか言うのはやめよう。C´さんはできるんだよ」と伝えたときだった。C´さんは「私できるかな」と不安そうだったが，「絶対C´さんならできるよ。先生が保証する」と2カ月間のC´さんのプラスの変容を伝え，自分の行動を振り返ることで，前向きな気持ちになるようにした。話

エピソード18
企画し，実践する中でコンピテンスを育てる実践
―変化する状況への対応が苦手なC´さんの変容を中心に―

を聞いたあとC´さんは「うん」と大きくうなずき，その後の学級活動では，消極的な場面があるものの，笑顔で取り組む様子が多く見られるようになった。一方で，学級以外の場面では，「人前で話す」「自分の気持ちを伝える」など，「人と関わる力」を発揮することが難しい状況にあった。

② 学級の生活単元学習の実践を生かした合同での生活単元学習の実践Ⅰ
――中1のテレビ局が中2の弁当づくりを取材（H 26）

C´さんが在籍している1年生はテレビ局をイメージした番組づくり，2年生は弁当づくりを単元とした学習に年間を通して取り組んでいた。4月から活動を始めて半年が経過した11月，1年生が「次の番組の内容は何にしようか？」という話し合いを行った。その前の週に2年生がつくった弁当をごちそうになった1年生。話し合いの中で生徒の1人から「おいしい中2の弁当を紹介したらどうだろう？」という提案があった。他の生徒たちも「それはいいね」と同意し，2年生に取材に行くことになった。生徒の提案によって企画される1年生と2年生の合同の授業は，お互いのよさに気づき，認め合える機会になると考えた。またC´さんにとっても，学級以外の場で「人と関わる」経験を積む機会になると考えた。

授業では，1年生がリポーター係，カメラ・メモ係，調理体験係に分かれて3回の体験取材を行うこととした。取材でC´さんはリポーターを担当することになった。C´さんがこれまでのテレビ局の活動で主にアナウンサーの役割を果たしていたこと，本人もリポーターに前向きだったことがその理由だった。しかし，1回目の取材では，声が出ず，動けない場面が続

調理体験係にインタビュー。左は先生役の3年生

いた。私は，隣で「今だよ」「大丈夫だよ」「できるよ」などとことばをかけたが，結局その日は最後に小さな声で１回質問しただけであった。その質問も３年生に「えっ？」と聞き返されて，その後，無言になってしまった。

　授業が終わった後に，C´さんはインタビューができなかった理由として，「緊張したこと」「インタビューするタイミングがわからなかったこと」「自分にできるかどうか不安だったこと」を話してくれた。私は，C´さんが自分から人に関わり，役割を果たすためには，練習を重ねて自信をつけていくことの他に，仲間から認められることが重要ではないかと考えた。そこで，１年生や２年生に「C´さんを励ましてくれないか」と相談すると，「C´さん，アナウンサーはあんなに上手なんだから，リポーターもきっと大丈夫だよ」（１年生），「C´さんの最後の質問，聞き取れなくてごめんね。次は大丈夫」（２年生）などと，他にも複数の生徒がC´さんに励ましのことばを伝えてくれた。C´さんは嬉しそうにそのことばを聞き，「私，できるよね」と確認して，前向きにリポーターの練習に取り組んだ。

　３回目の取材では，自分から「調理をしていて難しいところはどこですか？」「２年生の教え方はどうですか？」など，タイミングよくインタビューをすることができた。そのとき，教師が側にいなくても，やや遠くから「よかったよ」とうなずくだけでやり遂げることができた。また，授業の後半の振り返りでは，「○○さんが△△さんに優しく教えていました」と自分の気持ちを伝え，伝え終わると教師を見てニコッと笑うなど，緊張することなく落ち着いて参加している様子が見られた。

　初めての学級の枠を超えた活動で１回目の取材では見通しがもてなかったC´さんだが，仲間の励ましによって前向きに取り組もうとする気持ちに変化している。そして，その気持ちが前向きな練習態度につながり，見通しをもち，自信をもって３回目の取材に参加できたと思われる。気持ちに余裕ができたことで，取材する側，取材される側，合わせて14名の集団の中で，自分の役割を理解し，調理の進み具合に応じてインタビューするタイミングを考えるなど，変化する状況に対応できたのではないかと思われる。

エピソード18
企画し，実践する中でコンピテンスを育てる実践
―変化する状況への対応が苦手なC´さんの変容を中心に―

③ 学級の生活単元学習の実践を生かした合同での生活単元学習の実践Ⅱ
——中2のテレビ局と中1のゲーム（VS中1）が合同で放送（H27）

　C´さんが2年生になり，中2のテレビ局は，7月にも新メニューができた3年生を取材した。C´さんは，活動に見通しをもち，困っている仲間にアドバイスできるようになっていた。

　10月に2年生の次の番組づくりの話し合いがあった。3年生の取材をした経験もあって，生徒から「1年生のVS中1（1年生がゲームを企画し，さまざまな人と対戦する。今回は次頁にあるイラストのゲーム）と一緒に全校放送をしよう」という提案があり実行することとした。授業の配置図（体育館）と流れは次のとおりである。

　(1)(2)の場面で，2年生と1年生の役割が変わり，ゲームの準備や進行状

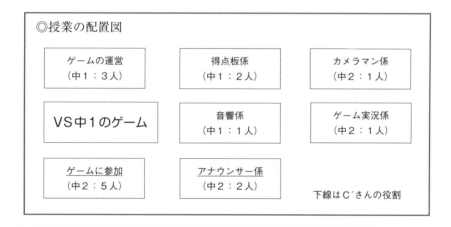

◎授業の配置図

ゲームの運営 （中1：3人）	得点板係 （中1：2人）	カメラマン係 （中2：1人）
VS中1のゲーム	音響係 （中1：1人）	ゲーム実況係 （中2：1人）
ゲームに参加 （中2：5人）	<u>アナウンサー係</u> （中2：2人）	下線はC´さんの役割

◎授業の流れ
(1) 中2：テレビの進行の練習をする。　中1：ゲームの準備をする。
(2) リハーサルをする。
　　中2：テレビの進行をする。ゲームに参加する。
　　中1：ゲームの進行をする。

況によって,臨機応変な対応が求められる。しかし,(1)(2)それぞれの学年の役割は違うが,各学年ともに「テレビ番組を一緒につくって成功させよう」という目的は同じである。本授業は,全校放送に向けて3回行った。

　C´さんは(1)の場面で,仲間とアナウンスの練習をし,(2)の場面では,前半にアナウンスの進行,後半はゲームに参加するという役割であった。変化する状況の中で,表情はやや硬いものの周囲の状況を見渡し,ゲームへの参加では拍手をして盛り上げるなど,情報を得て何をするべきか考えて行動している様子が随所に見られた。わからないときは仲間や教師に聞くなど,弁当づくりの取材のときのような,立ち止まってまったく動けない様子はほとんど見られなかった。C´さんは,「盛り上げるのは苦手だけど,やらなくちゃと思った」と話していた。弁当づくりでの仲間の励ましによって乗り越えられた取材の経験が本授業に生かされたと考える。

④　「変化する状況」に対応できるようになるために

　「学級ではできるが,集団が変わるとできない」「学校ではできるが,地域に出るとできない」という本校児童生徒の課題に対応するべく,コンピテンスの考え方を参考にさまざまな「変化する状況の設定」を考慮した授業づくりを行ってきた。本取り組みは,それぞれの学年が進めてきた単元がある時期に重なり合い,新しい取り組みとして発展している計画性と偶然性から生まれた単元である。授業づくりのポイントとして,実践Ⅰでは,役割を明確化し,活動場所もある程度固定した。実践Ⅱでは,実践Ⅰからのステップアップとして,授業の中での役割の変化,状況に応じた活動場所の変化など,より「変化する状況」の要素を強くした。

エピソード18
企画し，実践する中でコンピテンスを育てる実践
―変化する状況への対応が苦手なC´さんの変容を中心に―

　本取り組みでは，授業の後半に「よかったところ」「○○すればもっとよくなるところ」を伝え合う相互評価の場面を設定した。そのことにより，上級生と下級生が学年を超えて認め合う場面が随所に生まれ，C´さんのように「変化する状況」への対応が難しい生徒も自分の活動に自信をもち，自分で考えて行動できるようになってきたと考える。

　また，実践Ⅰでは，授業が始まる前に何度も活動内容を確認したり，励ましたりしていた教師の役割も，実践Ⅱでは，C´さんに「できるよ」と伝えるだけでよくなり，生徒と教師から，生徒同士の活動へと広がっていった。

　この後の単元での地域での活動では，C´さんが仲間と励まし合って活動している様子が見られた。これは，校内での「変化する状況」での経験が生かされた結果と考える。これらのことから，思春期である中学部段階の生徒においては，地域での活動をやみくもに設定するのではなく，「校内での変化する状況」で環境の変化に対応する力を身につけたうえで「校外での変化する状況」へ移行するという段階的な取り組みが必要であると考える。　　　　（髙橋基裕）

> エピソード 18　解説
> # コンピテンスは育てるのか，育つのか？

1 流れはつくるものなのか，生み出されるものなのか？

　エピソード 18 の実践を読み進める中で，授業の流れはつくるものなのか，生み出されるものなのか，といった「答えのない問い」が頭から離れなくなった。この授業を担当する教師たちは，それぞれの学年の生徒の興味や学習課題に応じて，それぞれ別々の単元学習を進めていたにもかかわらず，ある時点でそれらの授業が融合し，それぞれの学びに影響を与えながらも，最終的にはそれぞれの学習課題を達成していた。

　こうした流動的な状況をつくり出し，その中で生徒が学ぶ様子はまさにタイトルにあるように「コンピテンス」の学習であると言えるだろう。しかし，こうした実践はいつでも生成することができるのか，という疑問がつきまとう。コンピテンスの学びにはある種の偶然がつきまとい，意図せざる行為の連続の中でしか実現できないのだとしたら，教師の指導性や教育の計画性はどうなってしまうのであろう。もっと大きな視点から見れば，「教育課程」などなくしてしまい，流動的な状況の中で常に学びを展開していく単元学習を卒業まで行っていたほうがコンピテンスを育てることになるのではないか。エピソード 18 は，そのようなことを考えさせられる実践であった。

2 学びの過程をつくり出す授業設計

　しかし，エピソード 18 の実践は決して「行き当たりばったり」という授業ではなかった。もちろん，実践 I と実践 II は単元計画の当初から「いずれ融合しよう」と意図したものではないが，この授業の設計には，この 2 つの実践が重なり合うべき点が多く存在する。

エピソード18 解説
コンピテンスは育てるのか，育つのか？

　それは，「企画し，実践する中でコンピテンスを育てる実践」というタイトルに表現されているように，教師は変化する状況の中で自ら考え，行動する生徒を育てようと意図していた。そして，自分たちの興味のある活動ではあるが，自分たちで企画し，仲間と協働的に活動を展開させていくという授業の骨子は共通していた。

　つまり，一見すると「テレビ局」と「ゲームの企画」というように2つの実践は「違う企画」と思われるが，その根底で教師が生徒に求めていたこと（いわゆる「学習課題」）は確実に共通していた。そのため，生徒が企画を進めていく中で，2つの実践が交わろうとするそのときに，教師の側に違和感や困難があまりなかったのではないであろうか。

　そして，もう1つエピソード18の授業設計の特徴を述べるとしたら，「テレビ局」と「ゲームの企画」という学習活動が先にあるのではなく，生徒の学習課題から活動が生み出されているという点である。

　エピソード18は，C´さんの実態を記述することから始まっている。これは，ある1人の生徒の特徴であるが，その後の授業展開に大きく関係している事例であるからこそ，どんな学習活動を展開したのかという前に，C´さんについて記述する必要があると判断したのだと考えられる。もちろん，本書に書き記すことができない他の生徒の特徴についても，この授業の担当教師は考え，学習活動を生み出す契機にしていると推測するが，こうした授業設計は，学習活動が子どもの学びの軌跡であるということを示唆していると思われる。

③ 生徒の課題から活動を生み出す

　以上のように，流動的な状況の中で学ぶ（＝コンピテンスの育成）ためには，具体的な学習活動の奥にある意図やねらいを教師が意識していることが重要である一方で，個々に異なる生徒の実態をふまえた学習活動を生み出そうとする教師も欠かせない。

　そして，こうした授業設計の2側面（教師の意図が反映された学習活動と個々に異なる生徒の実態に応じた学習活動）は，多くの場合，対立するものであり，容易に融合したりしない。ましてや，2つの異なるグループが異なる学

習活動を展開していて，偶然にも2つの実践を重ね合わせて授業を展開できるとは，計画の段階では普通は考えない。

　そうした意味で，教師の柔軟な判断によって単元を展開していくことができたのは間違いない。ただし，ここで言う柔軟性とは，思いつきのようなものではなく，生徒（たとえば，C´さん）の学びの過程を一緒に追いかけてきた教師たちだからこそ，教師の意図を頭の片隅で意識しながらも，生徒の学びの過程に逆らうことなく授業を展開することができたのだと考える。教師の専門性とは，こうした対立するように見える2つの側面を統一しながら子どもの学びの過程を生成することであると考える。　　　　　　　　　　　（新井英靖）

IX章

エピソードを書いたり話し合ったりして指導力をアップする

エピソード19
給食指導を通しての児童の3年間の成長

　D´さんは脳性まひで身体に障害がある特別支援学校の児童です。友だちや先生と話すことが大好きで，興味関心のある活動には積極的に取り組むことができる一方，自分が苦手と感じていることにはうまく向き合うことができず苦労していました。特に食事では，小さいときから偏食が激しく，家庭でも克服できるようにさまざまな方法を試していましたが，嫌いな食べ物の種類をなかなか減らせず，D´さんも保護者も悩んでいました。

1　ケース会議で気づかされた独りよがりな指導

　D´さんが4年生のときに特別支援学校に転入してきて初めての給食での出来事である。D´さんは初めての給食で先生に見られている緊張の中，特に苦手と感じている白米ご飯を，意を決して口に運んだが，口に入れた瞬間飲み込めずに戻してしまい，ショックでその日の給食は食べることができなかった。私は，ほぼ毎日給食に出てくる白米ご飯を一口も食べることができないのは，今後のことを考えると大変まずいと思い，本人の努力でなんとか白米ご飯の食べる量を増やしていくことを目標として，給食指導に取り組むことにした。はじめは，一口量を食べ切ることを目標に取り組み始めたが，1カ月後も食べる量はほとんど増えず，D´さんは給食のときになると緊張して表情もどんどん硬くなっていた。
　解決策を考えるため，同じ場所で給食を食べていた先生方に相談し，ケース会議を開いてD´さんの給食指導についてアドバイスをもらうことにした。そ

エピソード19
給食指導を通しての児童の3年間の成長

の中で，数人の先生から私がD´さんの食べる量を増やそうとすることに必死で焦っており，D´さんのプレッシャーになっているのではないのかという指摘があった。また，学年主任の先生からは「白米ご飯を食べる量を増やすということは先生の指導の目標にとどまっており，D´さんが自分で本当に目指したいと思う目標にはなっていないのでは」という助言を受けた。

あらためてこれまでの自分の指導を振り返ると，白米ご飯を食べる量を増やすことで，今後D´さんが給食で困らなくなってもらいたいという思いをもっていた。けれども，D´さんにとってはこれまでがんばって食べようとしても食べられなかった白米ご飯を，ほぼ毎日ノルマのように食べさせられるのは苦痛なことだということに気づいた。

② 子どもとともに課題を解決することへの気づき

先生方からアドバイスを受け，一度D´さんと白米ご飯を食べることについてじっくり話す機会をもつことにした。話の中でD´さんから「自分でも食べなければいけないとはわかっているが，先生が思っている以上につらいことなんだ」ということを言われた。そのことばに，みんな普通に白米ご飯ぐらいは食べているのだから，食べないといけない，という私の価値観だけでD´さんに指導していたことに気づかされた。そこで，今後D´さんの気持ちに寄り添った指導をしていくことができるように，「どうやったら白米ご飯があっても楽しく食べることができるか考えてみよう」とD´さんに提案してみた。すると，「味付け海苔があれば家でも白米ご飯を食べることができている」とD´さんが言ったので，保護者にお願いして味付け海苔を持ってきてもらうことにした。D´さんの言うとおり，味付け海苔があると白米ご飯を器半分ほどの量は食べることができるようになり，多くの先生からご飯を食べられたことを褒められて，大変嬉しそうな笑顔を見せてくれた。その後，給食はD´さんにとって楽しい時間になってきていた。しかし，私の中で「このまま味付け海苔をずっと持ってきてもらっていいのだろうか，それ以外の方法はないのだろうか」という迷いも生じていた。

そのようなとき，自立活動専門の部署に所属している先生方が開いている校

IX章
エピソードを書いたり話し合ったりして指導力をアップする

苦手なサラダを食べているD´さん

内の研修会に参加する機会があった。研修の中で，肢体不自由のある子どもたちが「できるようになる」ということは，本人の努力で困難を克服するだけではなく，支援器具を使用するなどの適切な支援があって課題を解決することも含まれるのだという話があった。

また，知的障害がない肢体不自由の子どもたちには，課題を解決するために必要な支援方法を自分たちで考え，その方法を周りの人たちに依頼する姿勢を身につけることが重要であるという話も聞くことができた。そこで，D´さんに味付け海苔以外でも白米ご飯を食べることができる方法があれば，もっとたくさんの場面で食事が楽しめるようになることを伝え，一緒にその方法を探すことにした。ふりかけを振る，小さなおにぎりにするなどさまざまな方法を試す中で，自分の好きなおかずと一緒であれば，少しずつではあるが白米ご飯を食べられるようになることがわかり，給食のメニューの好きなおかずと一緒に白米ご飯を食べる機会を増やしていった。

その後もD´さんのペースで白米ご飯を食べることに取り組み続け，食べる量も増えて自信をつけると，5年生の後半には好きなおかずなしでも白米ご飯を食べることにチャレンジしたい，とD´さんから申し出てくれた。こちらから食べる量を指定せず，自分で食べる量を毎回決めて取り組み続けることで，小学部を卒業するころになるとD´さんはお茶碗に軽く一杯分の量をおかずなしでも食べることができるようになった。また，白米ご飯以外にも苦手な食べ物はあったが，食べる前に自分が食べられる量を考えて量を少なくしてくれるように先生に依頼したり，好きなおかずと一緒に食べたりすることで，少しずつではあるが苦手なものが食べられるようになっていった。

③ 給食という生活経験から教科指導に広がりをもたせる

　D´さんの給食での取り組みは教科の学習でも活かされるようになった。私は定期的に校外で開かれている学習会に参加しており，D´さんの教科指導における取り組みについて，他の特別支援学校や小学校の先生方に発表する機会があった。発表の後，教科指導ではD´さんの生活と結びついた内容を取り入れることが，児童が学習の実感をもつためには重要であるという助言を受けたことをきっかけに，教科の授業においてD´さんの給食指導の内容を取り入れるように心がけた。

　国語科の「パネル討論をしよう」という単元の授業では，「朝ご飯には何を食べるのがよいか」というテーマで，D´さんは「パン派」，友だちのE´くんは「ごはん派」に分かれて討論をしてもらった。その中でD´さんは「ごはんは味が薄いのでおかずと一緒に食べたほうがよいが，パンはパン自体に味がしっかりついているのでパンだけでよい」など，自分がご飯を苦手な理由をもとに朝食にパンがよい理由を考え，発表することができた。他にも，家庭科の調理実習の授業で，いろいろな味のおにぎりを作ってお世話になった先生にプレゼントしたり，算数科の比の授業で，大好きなコーヒー牛乳のコーヒーと牛乳の比率をさまざまにして飲み比べたりするなどして学習を深めることができた。また，教科の学習の中で食事に対する認識を深め，積極的に給食を食べられるようになったとも考えている。

④ 子どもも教師も広い世界で成長する

　小学部4年生から6年生までの3年間で，給食指導においてもそれ以外の場面においてもD´さんは大きな成長をし，苦手なことにも自分なりの方法で向き合う姿勢を身につけてきたと感じている。3年間D´さんとともに時間を過ごした私自身も，ケース会議や研修会，学習会を通して多くの方々からアドバイスを受けることで自分の考え方を広げ，D´さんの気持ちに寄り添った指導をすることができたと思っている。学級担任としては1人であったが，学校の

内外を問わず非常に心強い教師集団の中，1つの価値観に縛られずにD´さんの指導を考えることができたことは大きな財産となった。

　学校は狭い世界であるということばをよく聞くが，世界を狭くするかどうかは教師自身がどこまで周りの人たちとの関わりを大切にするかで決まるような気がする。子どもが広い世界で学ぶことができるために，これからも周りの人たちとのつながりを大切にし，広い視野をもって指導に取り組みたい。

（佐藤正明）

エピソード 19　解説
ケース検討を通して指導のあり方を問う

1 「子どもの見方を変える」契機としてのケース検討

　このケースは，D´さんの偏食に対する給食指導について，3年間という時間の中でケース検討などを通して指導のあり方を問い，教師の指導が変化していく過程を示している。

　多くの教師は，「○○さんにはもっと△△になってほしい」というように，子どもたちの成長する方向をある程度もって日々実践している。このケースの教師も，白米ご飯を食べられないD´さんが，今後困ることを見越して，白米ご飯を食べる量を増やしていこうと取り組んだ。

　ケース検討は，教師の「子どもの見方を変える」契機として重要な役割を果たしている。このケースでは，教師は，即効性のある指導や効果的な指導といった指導方法の「正解」を模索しているのではない。そうではなくて，ケース検討を通して，子ども本人がその悩みに向き合い，次の行動をその子ども自身が選択し，解決していくよう試みるようになっていった。

2 「子どもの成長を流れで読み取る」ことの意味

　教師は，当初，「白米ご飯を食べられないと今後困る」といった教師の価値観によって導かれた指導を展開していた。けれども，教師は，ケース検討を通して，D´さんが目指したい目標をもたせ，D´さんとともに解決していく方法を考えるようになった。こうした「子どもの見方を変える」契機として，「子どもの成長を流れで読み取る」ことが特徴としてあげられる。

　教師は，一般的に自身の実践経験から子どもの実態をとらえるきらいがある。そのため，固定した見方をしてしまうことはないであろうか。このような

固定した見方を変えていくことが，子どもを理解するうえで重要である。

　このケースでは，教師は，ケース検討を受け，白米ご飯を食べられないことについてD´さんと話し合ったり，食べられる方法を直接本人に聞いたりしていた。特に，教師がD´さんの成長の過程を共有し，関係性を築く中で，D´さんの白米ご飯に対する気持ちを聞いたり，D´さん自身が言語化したりすることは重要である。食べられる方法を表明することは，周りの人たちに必要な支援を要求する主体の形成にもつながっていく。また言語化することは，自分の悩みを自分自身の問題として意識化し，自分と向き合うことにつながっていく。

　このように，「子どもの成長を流れで読み取る」とは，日々変化する子どもの一つひとつの行為やその行為の背景を子どもの生活レベルにさかのぼってとらえ直すことである。そうすることで，教師は子どもの抱えている悩みについてともに考えつつ，子どもの悩みを顕在化させ，解決していく方法を考え合うことができるようになるのである。また，ともに考える視点は，子ども自身が，周りの人に協力を求める力を育むことにもつながる。

③ ケース検討は教師の問題意識を必要とする

　以上のように，教師は，一緒に指導している先生方とのケース会議，校内の研修会，校外の学習会などでケース検討を行った結果，D´さんに対する見方を変え，自身の指導を問う契機となった。ケース検討は，子どもをとらえ直す視点を学ぶ機会になっているが，こうした視点を取り入れることと同時に，その指導自体を絶えず教師の問題意識から検証し直さなければならない。

　このケースにおいて教師は，D´さんが味付け海苔で白米ご飯が食べられるようになっても現状を問い，他の方法を考えたり，教科指導において食事について学ぶ時間を設定したりしていた。そこには，D´さんの成長とともに問題意識をもちつつ，自身の指導を絶えず問い直していたことが読み取れる。

　このように，ケース検討を通して，「D´さんの成長にとって，いま何が必要なのか」といった問題意識から，指導のあり方を問い直すことで，子ども自身が困難と向き合い，解決するプロセスをつくり出すことこそ指導であると，このケースから学ぶことができる。

（吉田茂孝）

エピソード20
学びが積み重なっていく授業づくり

特別支援学校小学部4年生の「ことば」の学習において，週1時間，読み聞かせやお話教材を扱いながら，全員に対する集団学習の中で心を育てことばを育む取り組みを行っています。「ことば」で研究授業を行うことを決め，「見られる授業」である6時間目のことに意識がとらわれるあまり，単元を通した子どもたちの意識の流れや変化，学びの連なり重なりを予想し考えることをしないまま，1時間目の授業をスタートさせてしまいました。

① 教師の思いが先走る授業

　このクラスは男子3名，女子3名の計6名に対し，教師4名で考えた実践である。IQが100を超え，語彙量が多く，さまざまなものに対し強い探求心や想像力を働かせるF´さん，お調子者のG´さん，発語はないが周囲の視線を集めるのがうまいH´さんなど，人との関わりを楽しみ自らコミュニケーションをとろうとする子どもたちがいれば，気持ちなどを表現するのが苦手なI´さん，自分の世界にこもりがちなJ´さんやK´さんもいるというクラスであった。

　本実践では，4つの気持ちを表現した「きもち」（さくらももこ作）の詩に取り組んだ。喜怒哀楽の気持ちはどの子どももっており，発語のない子どもも自分なりの表現で気持ちを表すことができる。また気持ちの表現の仕方は人それぞれで，正解がないからこそ自由に表し，それを受け止め，子どもたちの新しい一面を引き出すことができるのではないかと考えた。そして，能力差は

大きいが，オリジナリティを発揮し，一人ひとりの活躍の場が設定できると考えた。

　1時間目の「やさしい気持ち」について考える授業では，子ウサギや花など心が温かくなるような写真を見たり，毛布や綿など触感が心地よいと感じる素材に触れたりしながら，やさしい気持ちについて考えた。しかし，気持ちという題材は抽象的で形や正解がないこと，また教師自身が授業の意図をうまく伝えきれていないことから，「やさしい気持ちとは？」「気持ちを表現するとは？」と全員が戸惑っていた。その結果，詩を主部と述部で分け，子ども同士で掛け合いを行ったり，オリジナルの詩をつくったりと，子どもたちには未経験の学習を計画していること，能力や実態差の大きい学習集団であることなど問題が山積みで，どのような支援や方法を考えていけばよいのか困ってしまった。

② 子どもの視点で詩を楽しむ授業

　本単元は計6回を計画し，6時間目は指導案の「本時の流れ」として細案を作成していた。この授業は「ぼく・わたしの詩をつくろう」と題し，「きもち」の詩を使いながら，オリジナルの詩をつくるというものである。本時に関しては，子どもの意識の流れはつながっているという自信があり，一人ひとりの反応や応答のイメージも予想していた。しかし，6時間目の授業のことに意識が向きすぎるあまり，本時の授業へとつながる既習学習でどのようなことに取り組めばよいのか，気持ちというものを子どもたちが感覚的に理解できるようになるには，どのような学びの過程や段階を踏む必要があるのかなど，十分考えていないことに気づいた。また，毎時間授業が展開していく中で，子どもたちの理解が深まり，学びが積み重なっていくことをふまえた授業計画を組むこともできていなかった。そのため，子どもの視点で，もう一度授業を考え直すことにした。

　1～4時間目までは，詩に出てくる4つの気持ちを1つずつ取り上げながら，その気持ちについて考える授業であるが，ここでは自分が思う「○○な気持ち」を伸び伸びと表現したり，動作化したりすることで，気持ちを表出する

エピソード20
学びが積み重なっていく授業づくり

ことの楽しさや爽快感を体感することが重要ではないかと考えた。

そこで毎時間，はじめに「リアクションゲーム」を行うことにした。これは誕生日ケーキや幽霊など，「うれしい」「こわい」といった気持ちを表出しやすい写真を提示し，感じたことを自由にことばや身体で即座に表現する活動である。発想力のあるF′さんやノリのよいG′さんがゲームに乗ってくると，他の子どもからもさまざまなリアクションが返ってきた。自分の世界に入りがちであったJ′さんは，幽霊の写真を見るとすぐさま「いやー」と声を出し，両耳を塞いで怖い気持ちを表現し授業に参加してきた。

リアクションゲームを繰り返す中で，気持ちとはそのときに感じたり，思ったりしたことだと子ども自身が感じ取ることができた。また教師が友だちのことばや動作を紹介し，皆で模倣することで喜怒哀楽の表現の多様性を知り，友だちの中から新しい発見をしたり，模倣されることで自信をもったりすることができた。

けれども，子ども同士で掛け合いを行う活動にはまだ課題があった。発語のない子どもはVOCAを使って参加していたが，タイミングよく声が出なかったりそろわなかったりとうまくいかなかった。そのため，掛け合いを取り入れるのはやめたほうがよいのではないかと考えるようになった。

すると，同僚の教師が「相手のことばを聞く，友だちと声をそろえるという経験を繰り返すことが，今後へとつながっていく。難しいと言って，種を植えることをしなければ，それはいつになってもできないよ」とつぶやいた。私は「よい授業」（当時の私にとっては，子どもたちが目標に到達し，「○○できた」という授業）を見せることが目的になっていた。掛け合いができているところを指導案の中で見せなければならないと勘違いし，目標まで到達できそうにないと思うと，その活動を授業から排除しようとしていたのである。

また，掛け合いがうまくいかない理由として，詩を暗記させることにこだわっていたことにも気づいた。掛け合いを取り入れた理由は，詩のリズムや世界を楽しむためである。しかし，いつの間にか楽しむという目的を忘れていた。それからは，私が主部を読み，述部の擬態語を子どもたちが動作化しながら応える形で行い，楽しさを大事にした掛け合いを心がけるようにした。

IX章
エピソードを書いたり話し合ったりして指導力をアップする

③ 子どもたちの思いに触れる授業

　本時の学習では「やさしいきもちは　○○してる」など述部に，擬態語や擬音語を入れてオリジナルの詩をつくった。ここでは，リアクションゲーム同様，数多くの擬態語・擬音語を子どもたちは発表した。たとえば，F´さんは怖い気持ちを「ゴ〜ンゴ〜ン」（寺の鐘が鳴る様子），「シャッシャッ」（包丁を研ぐ音），嬉しい気持ちを「モグモグ」（食べている様子），「タラララッララ〜！」（ゲームでアイテムを獲得したときの音）などと表現した。発語がないH´さんは，支援している教師が子どもの反応に即座に意味づけを行うことで，優しい気持ちを「おいでおいで」（両手で手招きする動作），嬉しい気持ちを「イエ〜イ」（両手でグッドの指をして，こぶしの内を当てる動作。右図参照）と表現することができた。抽象的な題材，能力や実態差の大きい学習集団，掛け合いなど未経験の学習といった問題に向き合い乗り越えたことで，予想以上に子どもたちの輝いた表現を引き出すことができ，子どもたちの可能性を感じることができた。

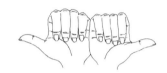

④ 学びがつながり，深まり，広がる授業

　指導案を作成する際，「見られる授業」のその1時間に自然と力が入ってし

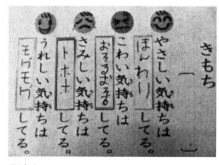

F´さん

H´さん

エピソード20
学びが積み重なっていく授業づくり

まう。しかし、そこへとつながる授業を含め、単元のすべて、つまりは日々の学習が重要なのである。授業は毎時間、完結する。しかし、子どもたちの学びはつながっており、知識や経験を積み重ねていく中で、深みや広がりが生まれるものではなかろうか。そういった中で、心や内面も成長していくのだと思う。また、「今は難しい」と思うのではなく、チャレンジする機会を設定し、乗り越えていくことも大切である。子どもの一つひとつの経験をつないでいくことで、子ども自身がもっている力を伸ばしていけるのではなかろうか。

(松本久美子)

エピソード20　解説
指導力向上のための指導案づくり

1 何のために，誰のために指導案を書くのか？

　このケースは，1時間の研究授業を単に「見られる授業」としてのみ意識して指導案をつくるのではなく，単元全体や日々の学習とつなげて指導案をつくる意義を示している。

　指導案づくりとは，単に研究授業をするときに必要な書類，つまり，「見せるために書かなければならないもの」として位置づけられてはいないであろうか。もしそうであるのなら，日々の実践や子どもの実態とはかけ離れ，およそ本来の目的とは異なる書類づくりになってしまう。このケースでも，教師は「見られる授業」を意識しすぎて，「よい授業」を見せることばかりを目的にしていたと振り返っている。「見られる授業」を意識しすぎると，目の前の子どもを無視した授業に陥ってしまうのではなかろうか。

　それでは指導案づくりに込められた意味とは何だったのであろうか。このケースの教師も，「一人ひとりの反応や応答のイメージも予想していた」と述べている。大切なのは，目の前にいない「固有名詞」をもった子どもの，授業過程における応答予想をイメージしながら，「姿なき子どもとの対話」（吉本均）を通して指導案をつくり，指導力を高めていくことである。

2 指導案づくりに求められる「応答予想」の意味

　確かに指導案づくりにおいて子どもの「応答予想」は重要である。ただし，「応答予想」を「○○と説明して，△さんが誤って作業してしまった場合，□□と個別対応しなければならない」といった場当たり的な予想では不十分である。そこで，第一に，指導案には教授行為に対する子どもの思考，活動，反応

エピソード20 解説
指導力向上のための指導案づくり

の予想を記述するとともに、それに対して教師は、どのように応答し、授業を展開していくのか、具体的な手立てを記す必要がある。そうすることで、臨機応変な教育的タクト（状況に応じたすばやい判断と対応）を発揮することができる。

　第二に、少なくとも単元レベルにおける子どもたちの学びが積み重なっていくイメージをもって、指導案をつくることが求められる。このケースでも、教師は「どのような学びの過程や段階を踏む必要があるのか」といった点や、「毎時間授業が展開していく中で、子どもたちの理解が深まり、学びが積み重なっていくことをふまえた授業計画を組む」点を重視していた。つまり、指導案づくりでは、子どもたちの成長のイメージとも向き合うことが求められる。

　後者の内容はこのケースにおいても、教師は単元の最初の段階の授業をしたあとに本来の目標を思い出し、その目標と子どもたちの成長とを交差させ、毎時間はじめに「リアクションゲーム」を行い、動作化や気持ちの表出を通した楽しさや爽快感を体感させる試みを取り入れた。その際、F´さん、G´さん、J´さんなどの固有名詞をもった当該の子どもをイメージし、子どもたちが感じたことを表出でき、楽しめることを予想していた点も見逃せない。

③「見られる授業」から「見合う授業」への転換

　指導案づくりとは、1時間の研究授業という「見られる授業」のみを対象にしてはいないであろうか。このケースからは、指導案づくりとは、公開する1時間の授業を含め、単元全体や日々の授業をふまえる視点が読み取れた。加えて、子どもたちの学びにつながる知識や経験といった日々の積み重ねを意識する必要がある。それゆえ、1時間の「見られる授業」としての研究授業から脱却し、このケースの「同僚の教師のつぶやき」にも代表されるように、普段から授業や子どもの様子を同僚との話題に取り上げ、日常の授業をみんなで「見合う授業」へと転換しなければならない。

　このケースから、授業とは、教師が1人で構想し「見られる」ために実践するのではなく、教師集団で日常的に語り合い、みんなで「見合う」ために実践する必要性を学ぶことができた。

（吉田茂孝）

エピソード21
事例研究会による授業改善の仕組みづくり

授業研究による授業改善の試みは多くの学校でなされています。私もこれまで多くの授業研究会に参加し授業改善を行いましたが，なかなかうまくいきません。特に，参加した教師一人ひとりが授業研究会での学びを自分の実践に生かせるようになることが大切だと考えます。教師同士が学び合い授業力を高める方法を試行錯誤しています。

1 どうすれば教師が互いに学び合い，高め合える授業研究会ができるのか？

「今日の授業はうまくいった！」そう思える日は残念ながら少なく，「どうアプローチすればよかったのか」「そもそも目標設定がよくなかったのか」「教材研究が足りなかったなぁ」などと反省することのほうが多い。たまに思い描いていたような授業ができて嬉しくなってもまったく同じ授業はもう二度とできない。日々の授業をよりよくしようと探究することは大変ではあるが，やりがいのあることと感じ，拙いながら日々取り組んでいる。

他の学校でもなされているであろうが，本校でも教師の授業力をアップし，授業改善をするために授業研究会を行い，子ども理解・教材理解・授業展開の仕方・手立ての工夫等を学んでいけることを目指している。さらに，事例研究会を開催し，授業研究会と事例研究会につながりをもたせて，さまざまな授業にわたる子ども理解の仕方・教材理解の仕方等を教師同士が互いに高め合っていけるようになることを模索している。

② デジタルカメラを用いた授業研究会の試み

　授業改善を目指す授業研究会のもち方の工夫を始めた。最初に行ったのは，中学部全生徒（24名）を対象に中学部教師全員（9名）で行う授業である。

　授業時に授業者全員がデジタルカメラを持ち，目に飛び込んでくる子どもの姿を撮影し，放課後の授業研究会でその写真を授業者みんなで見ながらそのときの出来事について語り合うという授業研究会を始めた。授業者が撮影した写真を集めて時系列で並べ直し，大きく映し出して見ていく。そこには，子どものがんばりや一生懸命さ，楽しそうな表情や真剣な表情などがたくさん表れる。その都度，写真を止めて語り合う。そして，語り合ったことをもとに次の授業を構想する。

　語り合いでは，撮影した教師が，「何をしているところの写真か」「なぜ，その場面を撮影したのか」をエピソードとして語る。撮影した教師にとって，そこに写っている子どもの姿がどのような意味をもっているのか，その場面をどのように見て，感じて，とらえたのかが語られる。それに対して，同じ場面を見ていた別の教師が語り，その場面の見え方・感じ方・とらえ方を重ねる。さらに，その場面を見ていなかった教師も写真を見て感じたこと・とらえたことを語る。その中で，子どもの姿の見方や感じ方，とらえ方について意見を交わし，生徒の姿を見る力・感じる力・とらえる力・解釈する力を高めていく。

　写真をもとに比較的自由に語り合えるこの授業研究会は自分の思いが話しやすいと好評で，この方法での授業研究会を数年続けてきた。しかし，毎年，異動等で教師集団が変わる中で，授業研究会がうまくいかないことも出てきた。写真の数が増えて，エピソードがあまり語られなくなり，その結果，授業での子ども理解が深まらず，次の授業構想に生かす内容が少なくなってしまった。

③ 語り合う授業研究会を事例研究会につなげることで，学び合いが継続する

　授業の中の，子どもの姿を見る力・感じる力・とらえる力・解釈する力を再

び高めるために，授業研究会で語り合ったエピソードをもとに事例を書き，事例研究会で交流し合うようにした。

　事例は，形式は整えるが（193頁の資料参照），あまり難しく考えず，書きたいことを楽しく書くようにした。事例研究会は，それぞれが書いた事例を持ち寄り，1人ずつ発表する。発表者以外の教師が，エピソードに対する質問をしたり，考察について共感したり別の考え方を提案したりする。

　たとえば，「タイトル：全力を発揮するようになったL´さん」という事例。これは，校内の竹林の竹を切って，広場で待つ仲間のところへ重い竹を1人で運びきったL´さんの姿に感動して書いた事例である。エピソードには，そのときのL´さんの様子が読み手に伝わるように，L´さんの姿や授業者（私）とのやりとりをできるかぎり具体的に書いた。背景には，これまでL´さんが全力を発揮する姿を見たことがなかったということを中心に，この場面をエピソードとして切り取った理由，つまり，私がL´さんに何を期待していたのか，なぜ私が感動したのかを書いた。考察には，「全力を発揮する」ことを伝えるのは難しいことだったが，それがどのようにしてL´さんに伝わり，全力を発揮することに結びついたのかについて，考えを書いた。そして事例研究会でさまざまな意見や質問に答える中で，L´さんが全力を発揮した背後にある多数の要因や条件を明らかにしていった。

　授業研究会と事例研究会のつながりをもたせることにより，授業で見たこと・感じたこと等を語り合う時間→振り返って書く時間→それをまた語る時間という流れができた。参加者からは「事例を書くことを考えて，授業時の写真を撮るようになった」「授業研究会で聞いてもらい，意見をもらったエピソードなら事例に書きやすい」との意見が得られるようになった。授業研究会と事例研究会をつなげることで，授業の中で起こっていたこと（子どもの様子やそれに対して自分がどう感じてどうとらえたか等）をそのときだけのこととせず，教師同士で語ったり書いたりする中で咀嚼し，その後の授業等に生かそうとする思考の流れにつながっていったと考えられる。

④ 授業を教師同士で質的に評価する

(1) キャッチする力・意味づける力・返す力＝授業を質的に評価する力

　この授業研究会と事例研究会をすることで、子どもの姿を感じてとらえる力、子どもの行動を意味づける力、それらを授業に返す力、といった授業を質的に評価する力がつくということが見えてきた。写真に写る子どもの姿を表面的にとらえるのではなく、その内面を推し量って、その姿・行動の意味を考えられるようになる力を磨くのが、一番難しいのではないかと感じる。子どもの反応をキャッチしていこうとアンテナを張り巡らせ、子どもと対話的に関わり合う中で授業を質的に評価する力は磨かれていくだろうと考える。

　先の例では、授業でのL´さんの姿を生み出す前提として、日々の授業等を通して教師と生徒、生徒同士の間に形成されていく関係、教材を通して生徒が感じ取り、学び取ることを探る教材研究等があったこと等を考察した。それらに基づいて授業者は生徒の姿から生徒の気持ちの動きをとらえて、時には期待して見守り、時には積極的にことばをかけたり働きかけたりしていくことができた。こうした授業を質的に評価する力がその後の授業づくりに生きている。

(2) 教師も対話的に学び合うことで、深い学びを実現できる

　教師が、個人で、「今日の授業はよかった」等と評価をしても独りよがりになることが多い。子どもの様子を語り、事例を書き、事例研究会をすることで、どんな授業をしたか、そこで子どもは具体的にどんな姿を見せたのか、それを自分はどう解釈したのかを、多くの先生たちに知ってもらい、意見をもらえる。また、「事例を書く」行動をすることで、自分の実践を丁寧に振り返り、頭の中だけでぼんやりと考えていたことが明

確になる。私自身も，実践したものの「M´さんにとってあれはよかったのか……？」と不安だったことを事例に書き，事例研究会で経験豊富な先生方に読んでもらうことで，「よかったんだ」と安心したり，気づかなかった視点を教えてもらったりすることがあった。

　また，事例を書くことで，教師一人ひとりの子ども観・教育観等を知ることができる。エピソードや考察を「文章で書く」ことによって，その教師の思考が見える。授業案も文章で書くが，実践後に書く事例には，よりその人の考えが表れる。事例研究会でそれらの事例を読み合い，話し合う中で，評価の仕方を共有できるようになっていった。
　　　　　　　　　　　　　　　　　　　　　　　　　　　　（廣内絵美）

資料　事例の書き方

事例タイトル「　　　　　　　　」　　　記述者：
対象児童・生徒：（学年，氏名）
授業名・日時（期間）・場所：
〈背景〉 ○エピソードをわかりやすくするための情報を書く。 （※項目すべてを書くのではない） ・子どもの様子（普段の，本題材での，前題材での，本時の授業直前の…） ・集団と子どもの関係（子ども同士の関係） ・教師（自分）と子どもの関係 ・生育歴，家族構成，母子関係 ・題材の概要・ねらい ・本授業の概要・ねらい
〈エピソード〉 ○子どもが輝く（人に伝えたくなる）姿 ・客観的事実だけでなく，目に見えない子どもの心の動きをとらえて綴る。 ・子どもの行動から筆者（教師）が感じたことや，筆者自身の行動やことばも綴る。 ・エピソードが長い場合には，場面ごとに小見出しなどをつけて，読みやすくする。 ・教師の主観（自分がどうとらえて何をしたか，あるいは，自分の思いや考え）を交えて書く。 ・読み手が嬉しくなる（楽しくなる）ような内容になるように書く。 ○考察に書かれていることの根拠が，エピソードに書かれているかに留意する。
〈考察〉 ○このエピソードを取り上げた理由を記述する。 ・エピソードの姿が生まれてきた内的・外的な要因・条件は何か。 ・指導・支援の方法は妥当だったか。 ・今後の授業でどのような姿を期待するか。 ・今後の授業にどのように生かそうと考えるか。 ○事例を通じて何を言いたいのかがわかるように，考察が書けているかに留意する。

エピソード21　解説
「授業の事実」から教師が学び合う授業研究へ

1 事前の準備と事後の省察，どちらの時間が長い？

　このケースは，授業研究会と事例研究会をつなげ，「授業の事実」をめぐるエピソードから，教師同士で授業を質的に評価する意義を示している。

　授業研究において，授業前の教材研究や指導案づくりには時間をかけて取り組まれているが，授業後の省察は十分な時間をかけて検討されているであろうか。実際の授業研究において，多くの場合，子どもたちがどのように思考し，活動したかや，それに対する教師の説明，発問，助言といった具体的な働きかけは，事前の準備に比べて深く検討されていないように思われる。

　しかし，このケースの学校では，事前の準備はもちろん，事後の省察にも時間を十分にかけている。このケースの特徴としては，次のことがあげられる。授業研究会で語り合ったエピソードをもとに，事例を書き上げ，その後，事例研究会が組織されている。このように授業研究会と事例研究会をつなげることで，「授業で見たこと・感じたこと等を語り合う時間→振り返って書く時間→それをまた語る時間」を介して「授業の事実」をじっくりと省察し，教師同士が解釈し合うことで，指導力の向上になっているのである。

2 「授業の事実」に立つことで拓かれる授業研究

　デジタルカメラを用いた授業研究会では，授業者全員が自由に撮影した写真をめぐって「なぜ，その場面を撮影したのか」「○さんが熱心に作業しているのはなぜか」など，撮影した教師がエピソードとともにその子どもが活動した場面の解釈を示す。その解釈を交えて同じ場面を見ていた教師やその場面を見ていなかった教師もお互いの解釈について語り合う。

エピソード21 解説
「授業の事実」から教師が学び合う授業研究へ

　こうした授業研究の意義は，授業後の協議会では，「どこがよかったのか」「どこが悪かったのか」などの授業のよしあしや改善点の評価を一方的に伝えるのではなく，「なぜ○さんは△△と活動したのか」「その背景には□□がある」といった事実をめぐって，その意味や背景の解釈を交流し合うことにある。

③ 子どもの学びの事実（エピソード）から授業の方針を示すこと（授業評価）で明日への希望が語られる

　この学校では，授業研究会の延長上にエピソードを用いた事例研究会がある。事例研究会では，授業研究会で語り合ったエピソードをもとに事例（エピソードを含む）を書き，その事例を交流し合っていた。
　L´さんの事例に即して分析すると，エピソードを書くことで授業者本人が一番気にしていた問題意識が鮮明になり，その問題の要因や条件までもが詳らかになった。また，「全力を発揮する」ことを他の教師に伝えるために，試行錯誤しながら，事実を伝える内容の選択基準も鍛えられていった。
　こうした授業を質的に評価する取り組みは，第一に，臨機応変な教育的タクト（状況に応じたすばやい判断と対応）の形成につながる。このケースでは，子どもの行動の意味を問うことで，教師自身が，自覚していなかった行動の意味を自覚していった。そうすることで，「かん」や「こつ」によって子どもに対応するのではなく，子どもの行動の意味を読み解くことで，子どもの学びの事実に対する対応（タクト）が可能になるのである。
　第二に，子どもの学びの事実（エピソード）を文字化・言語化し，共有することで，授業の方針を導くことにつながる。つまり，子どもの学びの事実をめぐって解釈し合うことで，事実に即した具体的な方針が生まれるのである。さらに，そうした子どもの姿から子どもの成長も共有される。事実をともに語り合い，子どもの成長を共有することは，明日の授業の方針だけではなく，教師にとっての達成感や成就感を分かち合うこと（希望）にもつながる。
　このケースから，授業研究は，「授業の事実」をめぐって浮かび上がったエピソードを，授業者が本人の問題意識の視点から提起し，教師同士で解釈し合うことで，明日の授業をつくる希望になることを学んだ。　　　　　　　（吉田茂孝）

X章

エピソードを通して教師の専門性を高める

X章
エピソードを通して教師の専門性を高める

① 特別支援教育における教師の専門性とは?

　特別支援教育の授業づくりでは，定められた手順どおりにスムーズに終わらせることや，見てはっきりわかる子どもたちの動きや結果といった明確な成果が生じることに注目が集まってはいないでしょうか。近年，指導技術に効果的であることを謳い文句にした書籍が注目され，教師が想定する結果に導くために，こうしたマニュアルどおりに遂行しようとする授業が見られます。

　教師の専門性とは，授業を手順どおりに流す，こなす，終わらせるのではなく，子どもの内面に働きかけ，行動の意味を読み解き，また集団の中で子ども相互が自他を意識しつつ自分を形成する「子どもの存在をつくる」ことにあるのではないでしょうか。それゆえ，子どもたちの目に見える結果ではなく，内面の育ちを重視し，まだ外側に現れていない子どもの可能性を見出すことが求められます（成田孝・廣瀬信雄・湯浅恭正『教師と子どもの共同による学びの創造――特別支援教育の授業づくりと主体性』大学教育出版，2015年参照）。

　しかしながら，こんにち特別支援教育において教師の専門性が危機に瀕しています。その理由として次の2つの問題があげられます。第一に，障害特性から導き出される対処法ばかりが注目されている問題です。原則として，障害特性をふまえた指導は必要です。けれども，「自閉症児は○○という特性があるので△△と行動してしまう。だから，□□を支援に取り入れよう」といった行動面に対する対処法ばかりが注目され，マニュアル化してはいないでしょうか。子ども自身が困難と向き合い，コントロールできる力をつけるような指導も必要です。

　第二に，「スタンダード」化の問題です。特定の指導方法をスタンダード化することは，指導のマニュアル化を招きます。そうすることで，実際に子どもと関わる教師が，一人ひとりのニーズをとらえたうえで構想する「指導」＝「教師の専門性」を，狭い範囲に閉じ込め管理してしまうことになるのではないでしょうか。

　こうしたマニュアルは，そのやり方の詳細は書かれていても指導の根拠まで書かれているものはあまり見られません。大切なのは，対処法やスタンダード

から導かれるマニュアルをたとえ参考にしたとしても，マニュアルに支配されるのではなく，マニュアルを読み解き，日々関わり合う子どもの視点から再構築することです。子どもたちにどのように指導しても，その背後には，その教師なりの思いや考え方が作用しています。「その教師の『思想の全体』を作り上げている定理や命題の体系として，その教師なりの『教育学』が働いている」のです（深澤広明「教えることの『技術』と『思想』」深澤広明編著『教師教育講座　第9巻　教育方法技術論』協同出版，2014年，14頁参照）。こうしたマニュアルにどう抗うか，こんにち教師一人ひとりの専門性のあり方が問われています。

２　エピソードを通した「子どもの事実」から教師の専門性が拓かれる

(1) マニュアルに子どもを当てはめるのではなく，「子どもの事実」から実践を構想する

　こんにち障害のある子どもを診断し，望ましいと考えられている行動に早くたどり着かせるためのマニュアルが開発されています。その理由は，障害特性やアセスメントの結果から導かれる対処法に基づいたマニュアルやプログラムなどが，有効であると考えられているからです。

　けれども，アセスメントなどの判定結果と教師自身の受け止めている子どもとの違いを感じながら，教師が実践しているケースも報告されています。というのも，教師は，子どもたちと学校生活全体を通して関わることで，絶えず子ども理解をし直し続けているからです。もちろん，日常的に関わっている教師の理解がいつも正しいというわけではなく，また，アセスメントなどの判定結果がいつも正しいと言っているわけでもありません。ここでは，両者の間に生じる「乖離」が問題なのです（鯨岡峻『エピソード記述入門――実践と質的研究のために』東京大学出版会，2005年，8 - 10頁参照）。

　こうした「乖離」によって教師は悩みながら，子どもを望ましいと考えられている行動に導く方法，たとえば，自閉症の傾向と考えられる生徒Ａと生徒Ｂを，「自閉症の子ども」という一般的なカテゴリーで「自閉症の生徒Ａと生徒Ｂ」として同じにとらえ，手探りでありながらも「自閉症の特性には○○が有

X章
エピソードを通して教師の専門性を高める

効だから，○○を指導に取り入れよう」と考えざるをえなくなっているのではないでしょうか。

　こうした対処法的なマニュアルを絶対視するのではなく，実際の「子どもの事実」から実践を構想することが求められます。このことは授業研究においても問われています。その理由として次の2つの問題があげられます。第一に，流行りのキーワードに追随する授業研究の問題です。流行りのキーワードを用いた実践をすることで授業改善を目指す場合，「子どもの事実」に応じた授業研究なのかどうかを絶えず検証する必要があります。実際，流行りのキーワードを取り入れてみたものの，指導方法の「型」だけが導入されてしまい，なぜその「型」を踏襲するのか，時間が経つにつれ授業研究が形骸化し，気がつけば「型」だけを実践しているケースが見られます。

　第二に，授業研究がルーチンワークと化してしまっている問題です。学校で授業研究に取り組み始めたときは，教育実践に対する問題意識があったにもかかわらず，ルーチンワークと化すことで外部への公開を目的とする「研究授業」がノルマとなりがちです。そうなると，「子どもの事実」から構想される教師一人ひとりの創意・工夫のある「授業研究」ではなく，公開目的の学校の研究主題に重きが置かれ，教師集団への同調圧力がより強化され，教師一人ひとりの専門性が失われます。

(2)「子どもの事実」に立つことで発揮される教師の専門性

　こうした問題は，授業を日常的な話題として取り上げ，「固有名詞」の子どもが存在するエピソードを教師集団で語り合うこと（＝「子どもの事実」に立つこと）で，子ども不在の授業研究を回避することにつながります。教師が自分自身のことばで「固有名詞」の子どものエピソードを書く，または語ることで，流行りのキーワードが機能しているかどうか検証する公開授業，ノルマ的に授業公開し，授業の事実とはかけ離れた授業後の協議会など，授業改善につながらない「研究授業」から，教師自身の授業改善につながる「授業研究」へと転換しなければなりません。

　問題としてあげた2つに共通することは，教師の指導技術と子どもの様子から導き出される教師側の指導の欠点が浮き彫りにされる「見えるもの」にのみ

授業改善があてられていることです。それだけではなく，授業を省察する視点からは，「見えるもの」に気づくとともに，「なぜ，その事実を問題にしたのか」といった「見えないもの」を語り合うことが重要です（佐藤雅彰「授業観察と授業リフレクション」佐藤雅彰・齊藤英介『子どもと教室の事実から学ぶ――「学びの共同体」の学校改革と省察』ぎょうせい，2015年，111－118頁参照）。そうすることで，教師のとった教育的タクト（状況に応じたすばやい判断と対応）が解明され，実践的見識も深まるのです。それゆえ，「教育的タクトという概念は，既成の理論枠組みを実践へ適用することではなくて，実践における暗黙知や省察的な教授行為の解明を目指す方向性を持つものとして今日的な意味づけを行うことが求められている」（宮原順寛「現象学的教育学における教育的タクト論の展開」（北海道大学大学院教育学研究科学校臨床心理学専攻研究紀要）『学校臨床心理学研究』第9号，2012年，27頁）のです。

こうしたことから，先述したような「自閉症の子ども」という一般的なカテゴリーに当てはめるのではなく，たとえば，「生徒Aの特性」「生徒Bの特性」というように，実際に関わる教師が一人ひとりのニーズをとらえたうえで指導を構想する必要があります。だからこそ，エピソードを通して教師の専門性を高めることが求められるのです。

③ 実践の事実を表現することと教師集団で実践を創造すること

(1) エピソードは何に注意して書くのか？

先述したように，教師は子どもたちと学校生活全体を通して関わることで，絶えず子ども理解をし直し続けています。そこには，子ども理解をし直す契機となるようなエピソードがあるはずです。特に，特別支援教育では，目に見える結果よりも，顕在化しない内面に光りを当てる必要があります。それゆえエピソードを書く場合，注意しなければならない点があります。それを以下の4つにまとめました。

①教師と子どもの言語のやりとりだけではなく，非言語にも注意して書く

これまで述べてきたように特別支援教育では，子どもの内面に注目すること

が重要です。その際，子どもの表情，しぐさ，姿勢，身振り・手振りなどの非言語の表現にも注意しなければなりません。もちろん，こうした非言語を書くことには教師の解釈や意図が反映されます。たとえば，「なぜ教師は○○といったことばがけをしたのか」という理由を意味する子どもの非言語の表現，また「△△とことばがけしたが子どもは□□という反応を示した」ということを意味する非言語の表現です。

②実践の事実を反映することばを意識して書く

　教育的タクトというキーワードがあるように，教師は絶えず状況に応じたすばやい判断と対応が求められています。こうした判断と対応は，無意識に行われているように見えて，その背後には，障害特性への対応から導かれるマニュアルとは異なり，その教師なりの思いや考え方が作用しています。それゆえ，エピソードを書く場合には，「子どもが『言った』といっても，『快活に』言ったのか，『平静に』言ったのか，『沈痛に』言ったのか，選ばれた表現によって，記述された判断が異なる」（白石陽一「教育実践記録の『読み方』」『熊本大学教育学部紀要　人文科学』第61号，2012年，103頁）のです。事実を反映することばを意識することは，教師の判断と意図を意識化させ，同時にその観察眼を養うことにもつながります。

③日常の記録ではなく，教師の意図を反映したエピソードを書く

　エピソードは，日常の経過をまとめた記録とは異なります。もちろん，一方で日常の記録には一定の意味があるでしょう。けれども，エピソードは，後の省察のためにも「ほかでもないある一つのエピソードを切り取ってきた記録者の意図」や「実践において最も大切なはずの実践者の思いや問題意識」を反映して書く必要があります（福田敦志「書くことによる『問い』の意識化と共有化──実践記録の『書き方』試論」『学童保育研究』第6号，2005年，93頁参照）。こうしてエピソードを書いた教師の意図をめぐって教師集団で語り合うことで省察が実りあるものになるのです。

④「集団を育てる」視点を意識して書く

　特別支援教育では，障害特性をふまえた指導のために，個別の指導が求められています。けれども，個別の指導に注目するあまり集団を育てる視点が見落とされがちです。それゆえ，エピソードでも個別の視点のみではなく，集団の

視点を意識して書くことが求められます。たとえば，個人の課題だけではなく，集団が抱えている課題やその集団に所属している子どもに共通する課題，あるいは，同学年や異年齢などで編成される集団間の関係についての分析などを書く必要があります（同上参照）。

(2) 何を目指してエピソードを語り合うのか？

　こうしたエピソードを書くことと同時に，語り合うことが求められます。エピソードは，教師集団で語り合うことによって，その意義が初めて発揮されるのです。語り合う中で，生徒Cに「なぜ○○とことばがけしたのか」「その根拠は何か」など，エピソードを書いた本人が意識していなかった視点が読み取られ，子どもの成長や実践の事実がより詳細に分析されることになります。またそうした分析により，エピソードを書く力量も高められます。

　それでは，エピソードをもとに，何を目指して教師集団で語り合っていくのでしょうか。こんにち見落とされている視点として，子どもの自立への筋道を教師集団で模索することがあげられます。エピソードを通して教師は子どもの内面を理解することと同時に，子どもが自分自身を見つめ，自分をつくり上げていく自立への筋道を問わなければなりません。マニュアルなどを用いて子どもに適応行動を身につけさせても，子どもの内面に芽生える感情に蓋をしたままなら，自分をつくり上げていく力は育たないでしょう。

　こうしたエピソードを通して，子どもの内面世界を読み解き，「あなたが怒鳴ったとき，作業が行き詰まってイライラしていたのね」と子どもの気持ちを代弁したり，時には子どもが自身の気持ちと折り合いをつけるような支援をしたりしながら，子ども自身が失敗や誤りから自分の行為・行動，内面世界を振り返り，実感することから自分をつくり上げる，ということを目指した語り合い（＝省察）を教師集団でつくり出すのです。このように教師の専門性として，内面世界の発達から自立へとつながる筋道をいかに「子どもの事実」から語り合うかが，こんにち求められています。

　　　　　　　　　　　　　　　　　　　　　　　　　　（吉田茂孝）

おわりに

　読者の皆さんは，本書に納められた数々のエピソードを読まれてどのような感想をもったでしょうか。エピソードを読みながら実際の指導場面をあれこれ想像してみたり，似たような体験があったり，同じような悩みがあったりしたのではないでしょうか。「若い人たちにも読んでもらいたいね」「現場で共通に話題にできる本がいいよね」など，編者の間で話し合いをしながら，具体的に実践をイメージしてもらえる本をつくりたいと考え，出来上がったものが本書です。

　エピソードについては，ベテランの方にも書いていただいていますが，これからの世代，いわゆる若手の教師や5年目，10年目の中堅といった先生方に意図的に書いていただきました。エピソードを書いてくださった方の中には「とても私が実践の報告なんて」と尻込みをされる先生もいましたが，「書くことが勉強」「書くことで自分の実践を振り返ることができる」と，時には叱咤激励し，原稿を書いていただきました。お忙しい中，エピソードを執筆してくださった先生方には本当に感謝いたします。

　そして，これも本書の特徴ですが，現場の教師が報告したエピソードを，研究者がコメントをつけていく，という形をとりました。エピソードを記した教師の立場からすると，研究者のコメントをもとに，さらに自分の実践を深めることができます。一方で，研究者の立場からすると，自分の研究の視点を，どう現場に返していくか，現場に切り込んでいけるか，ということを考えるきっかけとなります。本書ではこうした双方向のやりとりを大切にしながら編集をしてきました。大げさに言えば，今流行りのアクティブ・ラーニングの視点をもちながら編集を行ってきたとも言えます。

　その中で，私たちは「よい授業」とはどのようなものなのだろうかということを，常に意識しながら本書の編集を進めてきました。子どもにとって「わかった」と思える実感がある一方で，ねらいが明確で，授業によってそのねら

いが達成できたと思える授業ができたとき，子どもも教師も「今日の授業はよかった」と思えるのではないかと思います。しかし，それでは，「実感をもってわかる」とはどのようなことなのでしょうか？　教師のねらいを明確にすることが大切だと言っても，それをあまり前面に押し出すとつまらない授業になってしまうのではないか？　本書ではこうした細かい勘所がわかるように，エピソードを用いて実践を語ってみました。

　これからはまさにグローバル化とAI（人工知能）の時代です。学校教育においてもそうした課題への対応はすでに迫られており，情報教育（プログラミング学習）やICTを活用した学習，アクティブ・ラーニング，外国語教育の充実など，これからの学校はますます大変になりそうです。そうした新しい時代，未知なる時代においても，教師が行う「授業」の大切さは失われることはありませんし，専門職として教師が生き残る道は，やはり「授業の質」なのではないかと考えます。

　「はじめに」でも記したように，私たちは長年，日本特殊教育学会において授業にこだわり，自主シンポジウムを積み重ねてきました。この中で，子どもの成長を質的にとらえ，授業の質を向上させていく方法について長年，検討してきました。本書はその成果の一部を示したものです。

　気がつくと，私たちが学会で毎年行ってきた自主シンポジウムも四半世紀の時が過ぎました。私たちは次世代へ質の高い教育実践をバトンタッチするために，もう少し「教授学」という視点から実践を追究していきたいと考えています。「教授学」というと，少し古い言い方であるかもしれませんが，20世紀から蓄積してきた優れた教育実践の方法を継承しつつ，21世紀にふさわしい新しい視点から実践を切り拓いていく「障害児の教授学」を発展させていくことが，今，求められているのではないかと考えます。本書がささやかながらも，そうした実践の創造に寄与することができれば幸いです。

障害児の教授学研究会一同
編者を代表して　高橋浩平・新井英靖

編　集：障害児の教授学研究会
編著者：新井英靖（茨城大学）
　　　　小川英彦（愛知教育大学）
　　　　櫻井貴大（岡崎女子短期大学）
　　　　高橋浩平（杉並区立杉並第四小学校）
　　　　廣瀬信雄（山梨大学）
　　　　湯浅恭正（中部大学）
　　　　吉田茂孝（大阪教育大学）　　　　　　　※50音順

執筆者：荒井久恵（文京区立柳町小学校）
　　　　岩澤史子（連雀学園三鷹市立第六小学校）
　　　　遠藤貴則（茨城大学教育学部附属特別支援学校）
　　　　岡部綾子（東京都立矢口特別支援学校）
　　　　岡本綾子（世田谷区立松沢小学校）
　　　　北野明子（三好丘聖マーガレット幼稚園）
　　　　日下ゆかり（高松市立中央小学校）
　　　　桑田明奈（茨城大学教育学部附属特別支援学校）
　　　　佐藤正明（香川県立高松養護学校）
　　　　城田和晃（東京都立矢口特別支援学校）
　　　　髙橋基裕（秋田大学教育文化学部附属特別支援学校）
　　　　塚田倫子（世田谷区立祖師谷小学校）
　　　　半田彩子（茨城県立勝田特別支援学校）
　　　　廣内絵美（京都教育大学附属特別支援学校）
　　　　古林基子（杉並区立杉並第三小学校）
　　　　松永美和（香川県立香川中部養護学校）
　　　　松本久美子（香川県立香川中部養護学校）
　　　　三浦佳苗（茨城県立北茨城特別支援学校）
　　　　水野恭子（公立保育園）
　　　　渡辺佳恵（小平市立小平第十二小学校）　※50音順

イラスト：正根知愛子（茨城県立鹿島特別支援学校）

エピソードから読み解く特別支援教育の実践
──子ども理解と授業づくりのエッセンス

2017年9月15日　初版第1刷発行

編　集	ⓒ障害児の教授学研究会
編著者	新井英靖・小川英彦 櫻井貴大・髙橋浩平 廣瀬信雄・湯浅恭正 吉田茂孝
発行者	石　井　昭　男
発行所	福村出版株式会社 〒113-0034　東京都文京区湯島 2-14-11 電　話　03（5812）9702 ＦＡＸ　03（5812）9705 http://www.fukumura.co.jp
印　刷	モリモト印刷株式会社
製　本	協栄製本株式会社

Printed in Japan
ISBN978-4-571-12130-2 C3037
落丁・乱丁本はお取替えいたします
定価はカバーに表示してあります

福村出版◆好評図書

茨城大学教育学部・茨城大学教育学部附属幼稚園 編
楽しく遊んで、子どもを伸ばす
●子育て・保育の悩みに教育研究者が答えるQ&A
◎1,500円　ISBN978-4-571-11039-9　C0037

数多ある子育て情報に翻弄される保護者の悩みに，教育学の専門家24人がその解決方法をわかりやすく回答。

小川英彦 編著
気になる子ども・発達障害幼児の保育を支える あそび55選
◎1,700円　ISBN978-4-571-12124-1　C3037

気になる子どもの発達を促す原動力である実践的な支援「あそび」を豊富なイラストと共にわかりやすく紹介。

小川英彦 編著
気になる子どもと親への保育支援
●発達障害児に寄り添い心をかよわせて
◎2,300円　ISBN978-4-571-12116-6　C1037

保育者たちによる実践報告と親からのQ&Aを多数掲載。発達障害児保育に悩む保育者と親のための1冊。

中村みゆき 著
園生活がもっとたのしくなる！クラスのみんなと育ち合う保育デザイン
●保育者の悩みを解決する発達支援のポイント
◎1,600円　ISBN978-4-571-12128-9　C3037

発達に偏りのある子が，園生活をたのしく過ごし，クラスのみんなと育ち合う保育デザインをわかりやすく解説。

七木田 敦・山根正夫 編著
発達が気になる子どもの行動が変わる！
保育者のためのABI（活動に根ざした介入）実践事例集
◎1,800円　ISBN978-4-571-12129-6　C3037

発達障害が気になる子どもの行動に対する新しいアプローチ，ABI（活動に根ざした介入）の実践例を紹介。

小山 望・太田俊己・加藤和成・河合高鋭 編著
インクルーシブ保育っていいね
●一人ひとりが大切にされる保育をめざして
◎2,200円　ISBN978-4-571-12121-0　C3037

障がいのある・なしに関係なく，すべての子どものニーズに応えるインクルーシブ保育の考え方と実践を述べる。

橋本創一 他 編著
知的・発達障害のある子のための「インクルーシブ保育」実践プログラム
●遊び活動から就学移行・療育支援まで
◎2,400円　ISBN978-4-571-12119-7　C3037

すぐに活用できる知的・発達障害児の保育事例集。集団保育から小学校の入学準備，療育支援まで扱っている。

◎価格は本体価格です。